JN438409

지렁이가 죽었다

국립중앙도서관 출판시도서목록(CIP)

지렁이가 죽었다 : 박종국 제11수필집 / 지은이: 박종국. --
대전 : 오늘의문학사, 2016
p. ; cm

표제관련정보: 빠르게 혹은 느리게 멈춤없이 시간에 동승하며 살아가는 이야기
ISBN 978-89-5669-744-4 03810 : ₩15000

한국 현대 수필[韓國現代隨筆]

814.7-KDC6
895.745-DDC23 CIP2016009726

지렁이가 죽었다

박종국 제11수필집

오늘의문학사

바다에 가면 성난 듯 하얗게 거품을 토하며 멈출 줄 모르고 반복해서 밀려드는 크고 작은 파도가 있어 좋다. 잔잔한 수반 위에 수석 같은 섬이 있어 좋다. 어선의 평화로운 모습이 좋고, 뒤를 따르는 갈매기의 날갯짓에 햇살을 받고 반짝거리는 물이랑 윤슬이 좋다. 펼쳐진 은모래 백사장이 좋고 저 멀리 하늘과 만나 일직선으로 그려낸 수평선이 좋다.

산에 가면 헐떡헐떡 땀을 흘리며 오를 수 있는 봉우리가 있어 좋다. 깊은 계곡을 쩌렁쩌렁 울리는 물소리가 낭랑하다. 온갖 폼을 잡고 앉은 바위가 좋고 수백 년 노거수의 당당한 모습이 좋다. 숲을 흔들며 피고 지는 꽃이 좋고 몸을 감춘 채 감미로운 새소리가 좋다. 능선과 하늘이 만드는 하늘금이 좋다. 푸른 하늘에 둥둥 떠다니는 흰 구름이 좋다.

산은 산이라서 좋고 바다는 바다라서 좋다. 계절에 따라 느낌이 달라서 좋다. 산이 싫증나면 바다로 가고 바다가 싫어지면 산으로 간다. 좋은 날은 산도 가고 바다도 가고 싫은 날은 산도 바다도 외면하고 토라진다. 마음의 바다를 펼쳐 섬이 되어 본다. 마음의 산을 펼쳐 치솟은 봉우리를 한 땀 한 땀 오르며 곱게 마음을 걸러 글밭을 일구어 보았다.

2016년 신춘의 나른함에 취하여
버드내 초록마을 外松文房에서 박 종 국

chapter 1 아침 동해바다에서

chapter 2 때로는 곁눈질이 잘 보인다

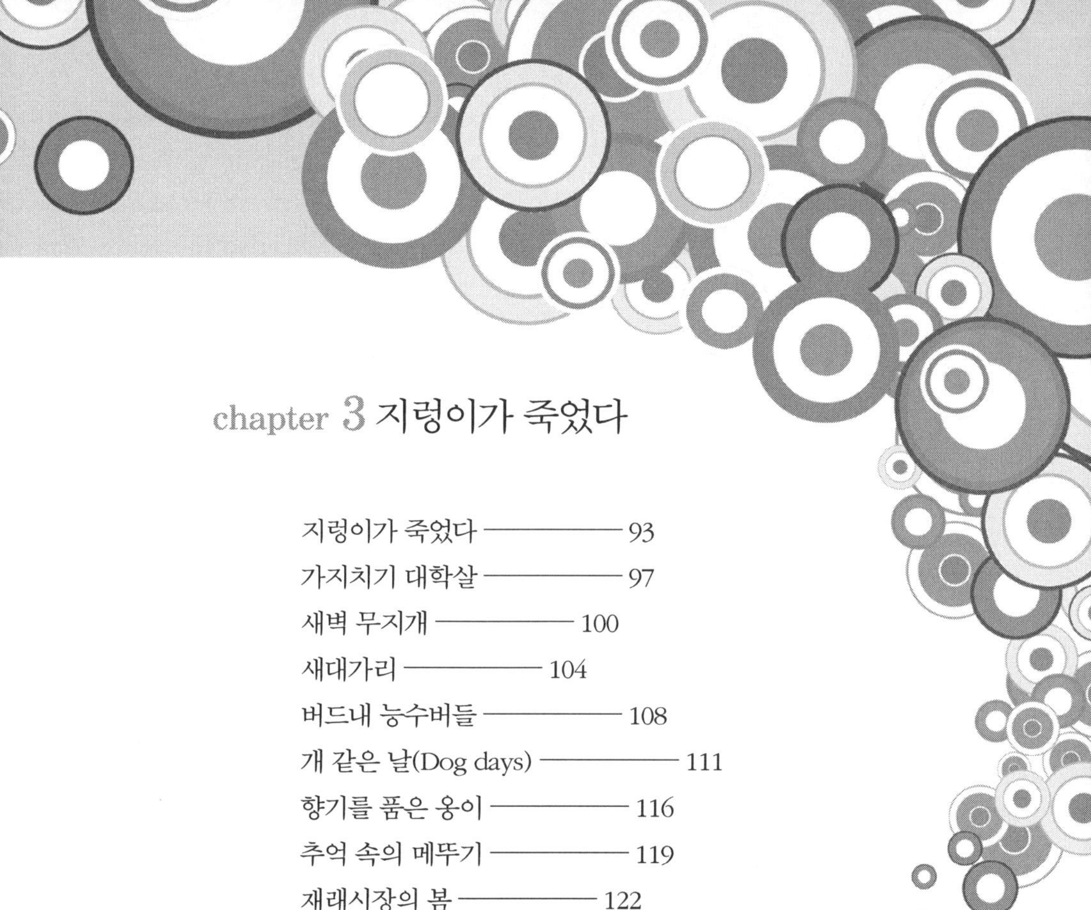

chapter 3 지렁이가 죽었다

chapter 4 선자령 눈밭을 오르며

chapter 5 잃어버린 이웃

제1부
아침 동해바다에서

아침 동해바다에서

바다, 여름이 끝나고 가을로 접어들면서 동해바다 H에 왔다. 불과 한 달 전만 해도 발 디딜 틈 없이 북적거렸는데 아주 한산했다. 그러나 바다는 이렇다 저렇다 내색하지 않았다. 수많은 인파가 빠져나갔지만 바다는 결코 외로움을 타지 않았다. 애당초 그런 일에는 관심조차 없었지 싶다. 바다는 잠시도 멈춤이 없이 뒤척거렸다. 연신 물결은 서로 밀치고 밀쳐내기에 한눈팔 여유가 없었다. 기다림은 쓸쓸하다는 마음이 들면서도 결코 바다는 그렇지 않았다.

세차게 출렁이는 바다도 좋지만 잔잔하니 조용한 바다도 좋다. 바다는 시퍼렇지만 누구 하나 시기하지 않고 하늘은 푸르러도 바다와는 달랐다. 모래밭은 생각처럼 삭막하지 않았다. 때로는 반짝반짝 빛이 났다. 크고 작은 파도의 물결이 소리를 내질러가며 몰려왔다가 하얗게 부서지면 뒷자락을 잡고 연이어 달려오면서 생동감이 넘쳤다. 바다는 우물쭈물 복잡하던 머릿속을 확 씻어 내려 홀가분하니 속이 후련하게 했다.

환절기라 옷깃을 여밀 만큼 하루가 달라졌다. 하늘이 높아진 만큼 마음도 높아지고 깊어진 바다만큼 마음도 깊어졌다. 바다와 하늘과 모래밭이 하나가 되어 그림을 그렸다. 가을바다는 바라보는 것만으로도 뭉클뭉클 가슴을 일렁이게 했다. 한 폭의 빼어난 풍경화로 설레게 했다. 나는 그 속에 모래알보다 더 작게 서서 하늘을 올려다보고 바다를 바라보면서 행복이 묻어나는 삽상한 아침으로 그냥 좋기만 했다.

모래밭에는 지난밤에 다녀간 물결의 흔적으로 미역줄기나 밀려온 쓰레기 같은 것들로 눈물자국처럼 금을 그어두었다. 자그마한 조개껍질도 흘려놓았다. 다음번에는 어디까지 닿을 수 있을까 표시해 놓았지 싶었다. 지난여름에 수많은 발자국을 만들고 이야기가 오갔을 것이다. 하지만 모두 담아갈 수 없어 더러는 그냥 남겨놓기도 하였을 것이다.

아이들은 두꺼비집을 어른들은 모래찜질도 하였을 것이다. 대중에는 사랑한다는 말도 있고 너무 보고 싶었다는 즐거운 이야기에 누가 밉다거나 억울하다는 고단한 삶의 이야기도 있을 것이다. 다정한 연인이면서도 아직은 너무 쑥스러워 입가에 맴돌다 미처 나누지 못하고 떨리는 마음으로 삐뚤빼뚤 모래 위에 적어놓은 애틋한 사연도 있을 것이다.

그러나 바다는 그런 흔적들을 남겨놓지 않았다. 매정하리만치 모조리 삼켜버리거나 어디로 싣고 가서 묻어버렸는지 아무도 아는 사람이 없다. 아니 증언하는 사람이 없었다. 그만큼 무관심이기도 하다. 언제 되돌려줄지도 모른다. 하지만 그것은 한낱 바람일 뿐이다. 다만 이런저런 사연을 남겨두고 떠나간 사람들은 나름대로 마음속에 혹은 가슴속에 추억이란 이름으로 담아두고 있을 것이다.

진통의 핏빛 붉게 물든 하늘에 산봉우리 위로 삐쭉 내미는 일출도 좋지만 바다의 수평선에서 불쑥 솟아오르는 일출도 환상적이다. 그 어디서 떠오르든 하루를 여는 것은 다름없을지라도 느낌은 아무래도 다르다. 아무 일도 없었던 듯싶은 모래밭에 작은 발자국을 찍어나갔다. 갈매기가 날개를 펄떡거렸다. 수없이 발자국을 남겼지만 끝내는 부질없는 짓이라고 하나 보다. 그래도 누군가는 자꾸 발자국을 찍어갈 것이다.

아침에 맑게 쏟아지는 햇살이 바다를 더 시퍼렇게 하고 하늘을 더 푸르게 했다. 저 눈부신 햇살이 들녘에 가면 황금벌판을 만들고 밭에 가면 고추가 빨갛게 익으며 수수모가지가 고개를 숙일 것이다. 사과는 빨갛게 익고 온통 가시뿐이던 밤송이에서 알밤을 톡톡 쏟아내게 할 것이다. 울안의 석류가 쩍쩍 갈라지면서 영롱한 보석을 드러낼 것이다. 담장 너머로 은은한 모과향기를 풍기면서 금덩어리 같은 묵직한 열매를 매달 것이다. 이처럼 발길 닿는 곳마다 풍성해지면서 가을임을 증명할 것이다. 살랑살랑 불어오는 바람이 짓궂게 간지럼을 피우며 옷깃을 파고들었다.

- 2015. 09. 30.

* 2016년 『한국수필』 대표선집 수록

「너답다」와 「나답다」

정말 너답다고 하고 나답다고도 한다. 신인답다. 어린이답다. 학생답다. 어른답다. '~답다'고 쓰이는 곳이 많지만 잘 어울린다는 느낌이 들며 친밀감마저 묻어난다. 겨울날씨답고 봄날답다. 이것이야말로 시답고 수필답다.

그런데 요즘은 뭐 답지 않은 일들이 불쑥불쑥 생겨나 당혹스럽게 하기도 한다. 때로는 뒤통수를 맞은 기분이 들기도 하고 갈피를 잡을 수 없어 흔들리기도 한다. 그만의 그것만의 독특한 개성이 점점 사라지는 것이다.

어쨌거나 사람은 사람다워야 하고 시인은 시인다워야 하고 수필은 수필다워야 하고 한국인은 한국인다워야 하고 학생은 학생다워야 한다. 젊음은 젊음다워야 패기가 넘쳐흐르지 싶다. 천진스런 아가의 모습이 아름답다.

겨울은 겨울다워야 하고 여름은 여름다워야 한다. 그런데 겨울이면 눈이 와도 너무나 많이 오고 추워도 너무 춥고 여름이면 비가 너무 많이 오며 더워도 너무 덥다. 그래서 여름다움도 겨울다움도 지쳐 진저리를 친다.

남자는 남자다워야 하고 여자는 여자다워야 한다. 그런데 요즘은 남자고 여자고 직업도 직장도 크게 구분하지 않는다. 오히려 남녀 성차별로 비쳐지기까지 한다. 그냥 동등하다는 의식이 앞서기 때문이지 싶기도 하다.

같은 공정에서 한꺼번에 생산되는 공산품이 아니라면 뭔가 다름이 있을 수 있다. 또 실제로 서로 다르다고 차별화를 내세우기도 한다. 그러나 무엇이 정말 그다운지 뚜렷하게 다름을 드러내기는 그리 만만치가 않다.

돼지고기는 돼지고기답고 쇠고기는 쇠고기다워야 한다. 다시 말해 그 맛이 은은하게 울어나야 한다. 먹어도 제 맛을 모르면 무슨 의미가 있겠는가? 노력한 만큼 그 대가도 얻을 수 있어야 신바람에 군소리 없을 것이다.

사회는 하찮은 일에도 잘난 사람이 하도 많아 갑론을박하며 시끌시끌하다. 누가 진짜이고 가짜인지 모를 만큼 떠들어대기기도 한다. 사공이 많으면 배가 산으로 간다. 각자 할 일이 있고 그에 대한 책임도 있을 것이다.

「~ 답다」에 버금갈 만한 말로 「~ 스럽다」가 있다. 정말 네가 자랑스럽다. 그 건물은 아주 고풍스럽다. 그 애는 정말로 여성스럽다. 하는 일 하나하나가 자연스럽다. 하는 짓마다 촌스럽다. 때로는 정말 우스꽝스럽다.

그렇다면 과연 나다운 것은 무엇이 있을까 곰곰이 생각해 본다.

내놓을 개성이 없어 두루뭉술할 수는 없다. 사람은 저마다 뭔가 다름이 있다. 나만의 것을 찾아서 차별화하는 콘셉트로 만들면 그만한 가치가 있지 싶다.

- 2013. 01. 05.

* 콘셉트 : 어떤 대상의 이미지를 전달하기 위해 선택한 하나의 일관된 주장.

세월호, 팽목항을 지나며

팽목항. 지금은 진도항이라고 부른다. 울분에 눈물로 젖었던 바다다. 수많은 사람들이 넋을 잃고 하염없이 바라보던 바다다. 불과 30킬로미터 밖 맹골수도서 세월호 참사가 벌어졌다. 단원고 학생들이 희생양이었다

살아 있는 것은 언젠가는 죽는다지만 아홉 명은 시신조차 못 찾았다. 아픔 없이 살아갈 수 있을까. 잊지 마라, 아우성쳐도 잊히지 않는 것은 없다. 채 해결하기도 전에 새로운 일이 끼어든다. 그래서 마음이 더 아프다.

등대 가는 길에 기억의 벽이 생겼다. 4,600여 어린이들이 타일에 적고 그려놓았다. 하나같이 절절하다. 300여 희생된 분들에게 보내는 소망과 격려의 메시지로 우리 사회에 던지는 원망과 절규가 고스란히 묻어 있다.

노란 리본이 펄럭이고 있으나 퇴색하여 애잔하다. 이곳에도 봄은 비껴갈 수 없어 밀려들고 있다. 아무리 서러움이 복받친 자리라

고 오는 봄을 못 오게 막을 수는 없다. 저 차가운 물 속 어디인가에 희생자를 생각한다.

겉으로는 아무렇지 않은 양 잠잠하지만 속은 문드러져 너덜거릴 바다다. 그래서인가 잔잔한 물결에도 탁한 바다는 속내를 드러내지 않는다. 불과 2년도 채 안된 일이지만 아주 먼 이야기처럼 보고 들으며 흘리고 있다.

주민들도 일상을 되찾아 가고 있다. 쳐다보기조차 싫었을 바다이지만 어쩌랴. 다시 바다로 나아가 일거리를 찾아야 한다. 거기가 일터이고 삶의 현주소이기에 미루거나 몰라라 할 수가 없다. 아직은 모두가 조심스럽다.

사월은 잔인한 달이라고 했다. 4월 16일 채 2년도 되지 않았다. 나라 안팎을 발끈 뒤집어놓은 세월호 참사다. 여기서 맹골수도 그 현장이 그리 멀지 않다. 아직도 몇몇은 소식이 없다. 오리무중 시신마저 찾을 길 없다.

하지만 바다는 입을 꽉 다물었다. 시침을 떼고 있다. 한 번 다문 입은 좀처럼 열리지 않아 많은 사람들을 애타게 할 뿐 여전히 소식이 없다. 그냥 이대로 묻히고 말까봐 두려워하고 있지만 점점 현실로 굳어지고 있다.

이처럼 바다라는 거대한 자연 앞에 더는 손쓸 수 없는 한계임을 실감하고 있다. 아픔을 그냥 아픔으로 묻으라고 한다. 잊으라고 한다. 하지만 그 부모는 자식을 가슴에 품고 한 시도 내려놓을 수 없어서 오열을 한다.

진도 앞바다를 지나 조도로 간다. 바다는 여전히 차갑다. 너무 원통해 울부짖어도 시간은 흘렀다. 바다는 아무렇지 않은 듯 연신 출렁이며 틈새를 내보일 어떤 낌새도 없다. 너무 매정하리만치 오로지 파도소리뿐이다.

그래, 그게 세상사이고 사람이 살아가는 모습이다. 나무랄 수도 없다. 세월이 약이고 세월 앞에 장사 없고 세월은 못 이긴다고 하지 않았던가. 하기야 그렇게라도 다독거리고 안타깝지만 명복을 빌며 그만 놓아주어야지.

그런데 그토록 굳게 다짐을 했건만 지금껏 안전불감증에서 크게 벗어나지 못하고 있다. 다시 여객선을 타보아도 여전히 달라진 것이 없어 보인다. 이런저런 핑계에 눈치를 보면서 하나의 구호에 지나지 않았지 싶다.

서류상만 본인여부 확인에 신경 쓰며 화물의 안전조치는 건성에 가깝다. 안전교육도 없다. 곳곳에 청결이나 불안한 느낌은 한두 곳이 아니다. 누구 하나 무슨 일 있는지 여객실을 돌아다니며 살펴보는 사람조차 없다.

이처럼 안전조치는 긴장하여 갑자기 당겼다 놓은 고무줄처럼 본래대로 돌아간 공염불이다. 대형사고 원인도 제대로 밝혀지지 않았다. 사고 인근지역인 진도의 조도를 가고 있다. 안전은 다시 각자 몫으로 남겨두었다.

그렇게 살아가는 거라고 반복하면서 허리 굽어지고 나약해지지만 세월은 그냥 새파랗게 멀뚱멀뚱 조롱하는 듯싶기도 하다. 애당초 내가 변하는 것이지 세월이 변하는 것이 아니었다. 그러니 누구를 탓한들 무엇 하랴.

그런 것이 아니라고 고개를 살래살래 내젓듯 출렁거려 보아라. 마음이 한가해지면 더 심란해지기에 바쁘게 혹은 곁눈질할 겨를도 없이 몰두하며 푹 빠지다 보면 잊고 넘어가니 언제까지라는 말은 믿을 수 없는 거다.

어디 삶이 한 가지에만 매달려 있을 만큼 한가하던가. 강물이 밀려가면 밀려오듯 같은 듯 다른 물결로 끊임없이 뒤바뀐다. 좋아도 보내고 싫어도 보내고 마치 정처 없는 나그네의 발길과도 같다는 느낌이 들기도 한다.

그래서 지금의 현재가 가장 중요하다. 밀려나 스스럼없이 어제가 되고 또 내일을 맞을 준비를 한다. 그러면서 잊는다. 잊을 수 있기에 한 편으로는 다행스럽다. 그 많은 것들이 한꺼번에 아우성을 치면 뉘라 당해내랴.

세월은 자꾸 흘러 나무는 나이테를 만들고 사람은 추억을 만들고 그런 것들이 모이다 보면 역사를 만든다. 그마저 여의치 않으면 슬그머니 지워져버린다. 우리의 죽음만이 아닌 마음까지도 끝내는 자연으로 돌아간다.

그러면서 새싹이 돋듯 새로운 사람들이 새로운 물결처럼 몰려든다. 살아있는 것들은 점점 늙어 나약해져도 자연이야 세대교체라는 이름으로 하나의 일상처럼 조용히 바닥을 깔고 새로운 치장에 입주자를 맞아들인다.

그래, 우리는 이 세상에 잠시 소풍을 나온 것이라고 하지를 않았던가. 가지고 온 내 것이라고는 아무 것도 없어 모두를 빌려 쓰다가 떠날 때도 가지고 갈 것이 없으니 미련일랑 버리고 빈손으로 간다고 하지 않던가.

여기도 우리의 영해이고 영토이니 우리 어선은 물론 많은 배들이 수시로 드나든다. 바다에도 뱃길이 있다. 암초에 세찬 물살에 어장이며 딱히 드러나지 않기에 오히려 지상에서 차가 다니는 길보다 더 엄격할 터이다.

드넓은 바다가 봄이 지나는 길목에서 생동감으로 들떠 출렁거린다. 내가 들떠 있다. 저만큼 봄의 햇살이다. 햇살에 반짝이는 윤슬의 물이랑이다. 육지는 점점 멀어지고 바다는 점점 넓어진다. 섬들을 헤집으며 나갔다.

저 속에 고기들도 봄을 느끼며 바깥세상이 궁금해서 기웃거릴까. 아서라, 너희가 바깥으로 나오는 순간 너희 목숨은 장담할 수 없느니, 너희가 살아가는 길은 그 깊은 바다가 적격이니라. 너에게는 그 곳이 제일이니라.

인근에 일곱 개 군도 (가사군도, 거차군도, 독거군도, 맹골군도, 상조도군도, 하조도군도, 성남군도)가 있는데 조도군도는 하조도를 비롯한 36개의 유인도와 121개의 무인도로 157개의 섬들로 이루어진 섬들의 보고다.

동백꽃이 피고 산수유가 피고 진달래꽃도 피었다. 달라 보이지 않는다. 아니 같다. 낯설지를 않고 익숙하니 그 때 그 모습이다. 하지만 어딘가 다른 그들의 후손일 것이다. 그런데도 똑같은 모습으로 비쳐지는 것이다.

이리저리 사방팔방을 휘둘러본다. 저 많은 섬들, 아니 새가 떼를 지어 바다에 내려앉았다. 섬, 섬, 섬……, 크고 작은 새들이 모여 있는 형상으로 새의 섬인 조도(鳥島)라고 불리는 한 폭 빼어난 그림 속에 빠져들었다.

- 2016. 03. 20.

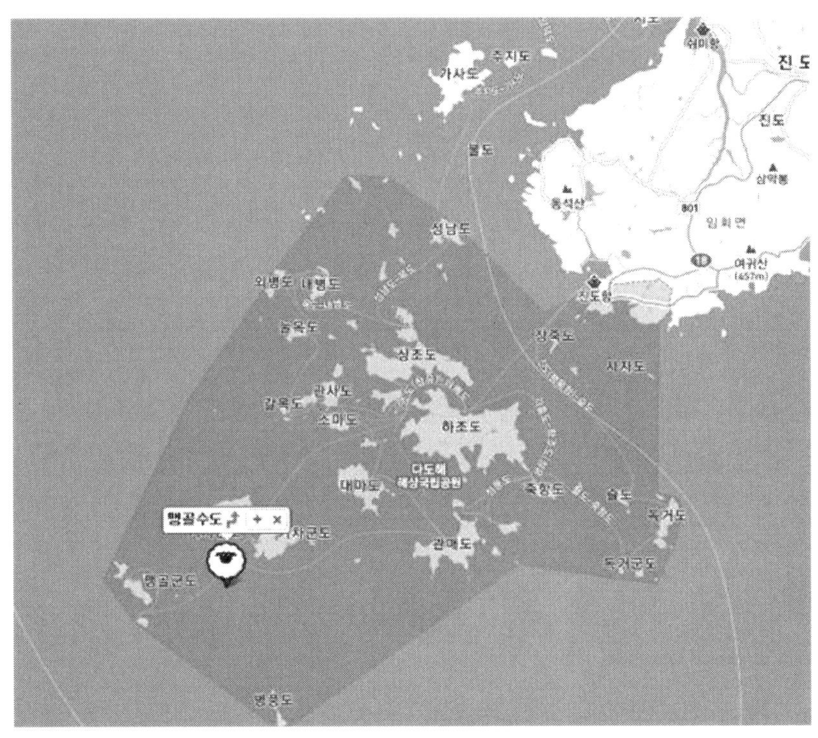

맹골수도(孟骨水道)는 전남 진도군 조도면 맹골도와 거차도 사이에 있는 수도(水道)이다.

지움과 지음

우리말이 아주 쉽지만 비슷해도 서로 다른 뜻이 담겨 있어서 매우 어렵다고도 한다. 이처럼 헷갈릴 때가 있는데 그 중에 하나가 「지움」과 「지음」이 아닌가 싶다. 「지움」은 '지우다'에서 온 말이고 「지음」은 '짓다'에서 온 말로 사전적 풀이는 아래와 같은 내용을 담고 있다.

* 지우다
- ·(있던 것을) 없애다 - 글씨를 지우다
- ·(생각 느낌 표정 등을) 사라지게 하다 - 웃음을 지우다
- ·일부를 덜다 - 밥을 지우고 말아 먹다

* 짓다
- ·재료를 들여서 만들다 - 밥을 짓다
- ·낱말을 나열하여 글을 만들다 - 글을 짓다
- ·표정이나 자세 따위를 드러내다 - 미소를 짓다

즉 "지움"이 소멸을 뜻한다면 "지음"은 생성을 뜻하는 말로 서로 정반대의 의미를 담고 있다. 그런데도 아무렇지 않게 혼용하거나

같은 의미로 잘못 알고 있어 본래의 뜻을 망가뜨리기도 한다. 여기에서 '미소'나 '눈물'을 앞에 붙여보면 그 뜻이 보다 확실해지지 않을까 싶다.

* 미소를 지우다 - 미소를 지움(없애다)
미소를 짓다 - 미소를 지음(만들다)

* 눈물을 지우다 - 눈물을 지움(없애다)
눈물을 짓다 - 눈물을 지음(만들다)

같은 값이면 눈물은 지우고(지움) 미소는 짓는(지음) 것이 좋을 것이다. 이처럼 눈물을 짓는(지음) 것보다는 눈물을 지우고(지움) 미소를 짓는(지음)이 미소를 지우는(지움) 것보다 좋지 않는가? 얼굴에서 미소 즉 웃음을 거두는 것보다 웃음꽃을 피우는 것이 훨씬 좋을 것이다.

누가 칠판에 적어놓은 글씨를 지웠을까? 에서는 지움 즉 「지운이」를 말한다. 그런데 누가 이 책을 지었을까? 에서는 지음 즉 글을 쓴 사람 「지은이」를 말한다. 누가 '지우개'라 쓰지 않고 '지으개'라 쓰겠는가. 누가 글쓴이를 '지은이'라 하지 않고 '지운이'라고 하겠는가?

고작 점(.) 하나 차이 같지만 '님'이 점 하나로 '남'이라는 정말 엉뚱한 말이 되듯이 "지움"이 점 하나로 "지음"과는 엄연한 차이를 지니고 있다. 이처럼 부정과 긍정이라는 상반된 의미를 지니기도 한다. 따라서 우리말을 사용함에 보다 조심스럽게 가려가며 써야 할 것이다.

태안 파도리 해변에서

태안의 가장 서쪽인 만리포에서 남쪽으로 길쭉이 뻗은 작은 반도 지형이다. 만리포에서 모항항을 지나고 '고기가 숨을 돌이 많은 마을' 이라는 어은돌 해변을 지나 9km쯤 지점에 파도리 해변의 거친 파도소리가 있다.

소원면 파도리 해변은 갯바위와 자갈이 많아 물이 맑고 경치가 아름답다. 이미 고려 문종 때부터 '파도가 거칠어 지나가기 어려운 곳' 이라 일컬어지면서 아예 파도리라는 지명으로 불릴 만큼 오랜 역사를 지닌 곳이다.

이 거친 파도에 수없이 깎이고 닦인 돌들은 해옥으로 거듭나면서 인기를 한 몸에 모으고 있다. 해옥전시장에 들러보면 저것이 파도리 해변에서 나온 것일까 싶을 만큼 현란하도록 아름다운 모습에 정말 눈이 부시다.

파도리에서 파도를 보면서 파돗소리를 듣는다. 바다를 보고 바닷소리를 듣는다. 저 푸른 바다의 속은 푸르지 않다. 그렇다고 파도나 뱃길에 부딪치면 드러나듯 하얗지도 않다. 짭조름한 맛만 다를 뿐 그냥 물은 물이다.

저 푸른 바다 속에 수많은 생명이 숨을 쉬고 있다. 너른 품으로 끌안고 생명을 키우는 수많은 삶의 터전이 된다. 어찌 그뿐이랴. 바다를 텃밭처럼 드나들며 경작하는 어장으로 삼고 살아가는 사람은 또 얼마나 많은가.

힘차게 몰아치는 물결의 파도를 본다. 끊임없이 출렁이고 있는 저 푸른 물결의 바다를 본다. 그 바다에서 들려오는 소리를 듣는다. 파돗소리를 듣는다. 바닷소리를 듣는다. 바다에서 파도를 타고 넘는 바람소리를 듣는다.

파도리 바다여! 마음껏 출렁거리며 소리를 내질러 보아라. 힘껏 물결을 일으켜 세우고 달려들어라. 시퍼런 물결이 하얗게 부서지면서 사르르 삭아들었다가 다시 말발굽소리보다도 더 요란하게 내닫기를 거듭해 보아라.

바람이 파도를 앞세우고 개선하듯 달려오는 것이냐. 파도가 바람을 몰고 오는 것이냐. 너희는 자연스럽게 손발이 척척 신바람 나는구나. 그래 철썩철썩 빼놓을 수 없는 자랑스러운 너희들만의 장단까지 지니고 있구나.

하늘과 바다는 서로 깊다고도 하고 서로 푸르다고도 한다. 그러다 아무도 다가오지 못할 저 멀리에서 수평선이라는 칼날 같은 선을 냉정하게 긋기도 하고 해무를 통째로 뒤집어쓰고 두루뭉술하게 한통속이 되기도 한다.

그렇게 넓고 넓은 바다는 구속받지 않고 활달하게 마음껏 자신을 즐기는 듯싶지만 밤이면 뭔가 그리워하며 때로는 까만 밤이 너무 무서워서 밤새도록 징징 울고 있다. 우리는 그냥 듣기 좋게 해조음이라 불러준다.

그러다가도 어디에 품었었는지 능청스럽게 새벽이면 산통으로 피를 흘리고 덧칠한 것 같이 붉게 물들었다 해말간 태양을 내놓고 온 세상을 밝히기도 한다. 그로부터 힘찬 하루의 시작을 알리듯 분주해지는 일상이다.

또한 고단했던 하루를 슬그머니 돌아보며 못 다한 아쉬움과 보람되었던 것들에 고마움을 표하듯 곱디고운 빛깔의 노을을 만들며 마무리 지을 때 슬그머니 태양을 품어주며 서서히 어둠을 받아들이기를 거듭하고 있다.

파도리 바다여! 네 이름 동해면 어떻고 서해면 어떠하더냐. 저리 푸름에 싱그러움 넘침은 청춘의 기상이고 저리 힘차게 파도로 달려듦은 기운이 넘침이고 하얗게 부서졌다가 아무렇지 않게 일어섬은 발랄한 동작이다.

이따금 너울너울 갈매기도 그런 모습들이 좋지 않으랴. 너의 깔끔한 성품은 늘 청정한 바다로 남기 위해 잠시도 멈출 줄을 모른다. 그렇게 왈가닥으로 드세기만 하지 싶어도 네 가슴은 모두 보듬을 아늑한 보금자리다.

그래도 뭍에 대한 미련은 잠시도 버리지 못해 마구잡이로 달려드는 것은 아닌지. 그래서 풀리지 않는 아픔을 안고 징징거리며 쉽사리 속내를 풀어내지 못해 닥치는 대로 밀쳤다가 핥아가는 성깔을 부리는 것은 아닌지.

파도리 파도야! 더 힘껏 밀치며 때로는 싹쓸이하듯 너의 숨결이 미치는 곳까지 훑아 가보렴. 저 백사장에 누군가 그리운 이야기, 서운한 이야기, 비밀스러운 이야기들을 깨알같이 적어놓았는지도 모르니 살짝 펼쳐보렴.

파도리 파도야! 너의 그 푸른 물결의 거침없는 몸짓을 보면서 처음에는 어수선하고 두려움에 당황스럽기도 하였지만 반복되는 모습에서 또 하나 아름다운 퍼포먼스를 보았다. 무질서 속에 질서가 깃들여 있음을 보았다.

파도리 바다여, 파도여, 하늘이여! 내 여기 파도리에 서서 바다를 보고 파도를 보고 하늘을 본다. 더위가 넘성거리는 삼복이다. 함께 어우러져 마음껏 출렁거리고 시퍼렇게 물이 들며 깊고 높은 바다와 하늘이 되고 싶다.

알 수 없는 일이다. 지금은 볼품없어 인기가 모자라도 수없이 깎고 다듬다 보면 파도리의 자랑스러운 해옥같이 빛이 날지. 충청도 서북쪽 끝자락 아주 외진 곳이었지만 이제는 만리포의 붐을 타고 성큼 이웃으로 다가섰다.

- 2014. 07. 20.

* 2014년 『문학사랑』 가을호에 게재

세상 물구나무서서 보기

두 눈을 똥그랗게 뜨고 보아도 잘 보이지 않는다. 그런데 찔끔 한 눈을 감고 보아야 오히려 잘 보일 때가 있다. 너무 가까이 있으면 보이지 않는다. 다가가기보다는 적당히 떨어져서 보아야 보다 더 잘 보일 때가 있다.

큰 창문 너머로 볼 때보다 아주 비좁은 문틈으로 들여다보아야 더 확실하게 보이는 때가 있다. 지난날 지난 일에 그리운 얼굴은 대낮 환할 때보다는 두 눈을 감고 적막 속에 잠겨야 더 또렷하게 되살아나는 때가 있다.

평지보다는 비탈길에 서야 평소에는 미처 볼 수 없었던 새로운 모습을 볼 때가 있다. 바로보기보다는 삐딱하게 보거나 거꾸로 볼 때가 오히려 솔솔 재미가 있다. 그냥 지나쳐버릴 뻔했던 일이 새삼 드러나는 때가 있다.

같은 세상 같은 모습이라도 물구나무서서 보면 전혀 새로운 세상이 열린다. 하늘에서 땅을 내려다보는 것과 땅에서 하늘을 올려다보는 것은 다르다. 때로는 현실에서 이탈해야 제 정신이 들어 제대로 보일 때가 있다.

너에게서 평소에는 보이지 않던 당돌함이나 대범함이 보이면서 전혀 새로운 면면에 재평가를 할 때가 있다. 그럴 때는 소위 너답지 않다고 하기도 하고 너에게 그런 면이 있었는지 정말 까맣게 몰랐다고 하기도 한다.

보고 있다고 모두 보는 것이 아니듯 전혀 보고 있지 않아도 관심이란 것이 있어 은연중에 보고 있는 것이 있다. 이처럼 감춘 듯 드러나고 드러낸 듯 감춰진 것들이 있다. 세상사 알 듯 모를 듯 야릇한 기분이다.

그날이 그날이라고 무료하다고 한다. 그러면 스스로 일거리를 찾고 만들어야 할 텐데 그렇지를 못하다. 사실 변화를 요구하지만 쉽게 변할 수 없는 것이 현실로 변화의 모험보다는 안정을 바라면서 답습에 길들여져 있다.

누구인들 편안하고 멋들어지게 살고 싶지 않을까. 그러나 마음대로 되지 않는 것이 인생사다. 그럴수록 더 노력할 수밖에 없다. 최선이 아니라면 차선이라도 구하여야 하는데 과시욕에 당장 앞장서고 싶은 마음뿐이다.

너무 답답하여 슬그머니 물구나무서서 보면 평화로운 모습이 요지경으로 보일 때가 있다. 그만큼 한 쪽만 바라보기에 여념이 없었던 것이다. 이쪽에서 보면 저쪽이 아니 보이고 저쪽서 보면 이쪽이 아니 보일 수 있다.

요즘 세상이 너무 어지럽다. 저 잘났다고 떠들어대는 사람들이

한둘이 아니라 꽉 찼지 싶다. 그냥 상식으로 받아들이는 것은 고사하고 이해할 수조차 없는 끔찍끔찍한 일들이 수시로 일어나서 깜짝깜짝 놀라게 한다.

그냥 멀쩡한 상태로는 듣기에 민망하고 보기에도 겁이 나고 화가 버럭 난다. 차라리 물구나무를 서서 거꾸로 보아야지 싶다. 삐딱하게 보거나 산기슭에 납작 엎드려 올라다보는 것이 아니라 내려다보아야지 싶어진다.

아무리 개인주의에 이기적이라고 하지만, 해도 너무하지 싶다. 자신의 이익을 위해서라면 물불을 가리지 않는다. 부모도 가족도 없지 싶다. 오직 나 하나 편하게 먹고 잘 살자는 식이다. 그것도 기다림이 아닌 당장이다.

- 2013. 01. 22.

쟁기봉의 복수동

쟁기봉이라지만 그 어디에도 쟁기는 없다. 하지만 우리는 매번 쟁기봉이라고 부른다. 조금 떨어져 한눈에 보면 산의 형세가 마치 쟁기와 같다는 것이다. 그러나 아무리 훑어보아도 그런 짜임새는 좀처럼 느낄 수가 없다. 그래도 여전히 쟁기봉이다.

쟁기는 농경시대에 논밭을 갈던 농기구로 오랜 세월을 거쳐 내려오면서 여러 형태로 변형되었다. 쟁기는 호리라 하여 흔히 한 마리의 소가 끌지만, 거친 땅에서는 두 마리를 나란히 세우는데 이를 겨리라 부른다. 간혹 소 대신 사람이 끌기도 한다.

우리나라는 산이 많다 보니 그 봉우리도 많을 수밖에 없다. 그런데 그 이름 중에는 계족산, 계룡산, 독수리봉 같은 동물을 형상하는 이름에서 따오기도 하고 식장산, 보문산 같은 전설을 담고 있는가 하면 문수봉, 관음봉처럼 상징성을 지니기도 한다.

쟁기봉은 대전시 서구 정림동과 복수동 및 중구의 안영동을 품고 있는해발 194m의 나지막한 산이다. 그러나 대전시 둘레산행 12구간 중 일부를 차지하고 있다. 방동저수지-구봉산-괴곡동-쟁기봉-해철이봉-만성산-뿌리공원-보문산으로 이어진다.

쟁기봉 아래로 대전의 3대 하천 중 하나인 유등천이 시내 한복판을 가로 지르며 중구와 서구를 나누고 끝내는 대전천, 갑천과 한 몸이 되어 신탄진을 거쳐 금강으로 거듭난다. 이웃에는 장수마을과 우리나라에 하나 뿐인 뿌리공원이 자리를 잡고 있다.

이제 쟁기봉 자락 복수동을 잠시 들여다본다. 복수라고 하면 흔히 원한 관계이다. 중국 무협영화를 보면 부모나 조직의 원수를 갚기 위해여 십 년 혹은 평생토록 무예를 연마하고 원수를 찾아 나서며 복수는 복수를 부르는 악순환을 떠오르게 한다.

그러나 여기서 복수(福守)는 그런 끔찍스러운 복수(復讐)의 선입감과는 정반대라고 할 수 있다. 이미 오래 전부터 복을 받을 만큼 받은 곳으로 그 복을 지킨다는 의미가 듬뿍 담겨있는 것이다. 이제야 복을 비는 것이 아닌 복을 누리면서 사는 곳이다.

그런 측면에서 보면 쟁기봉과 무관하지 않지 싶다. 쟁기는 부지런한 농부가 논밭을 가는 농기구다. 왜 이곳에 쟁기가 있겠는가. 일찍부터 경작을 한 곳으로 사람들이 복을 누리면서 살아왔다는 의미가 담겨있지 않을까 하는 조심스런 마음이기도 하다.

복수동의 역사 또한 다양하다. 조선 초기에는 공주군 유등천면에서 1895년 고종 32년 회덕군에 편입되었다가 1914년 일제가 행정구역을 개혁할 때는 대전군 유천면에 편입되었다. 1963년 1월 1

일 대전시에 편입되면서 중구의 복수동으로 불리었다.

다시 1988년 1월 1일 대전시 서구에 편입되었다가 1989년 1월 1일 대전직할시로 승격되면서 정림동 일부가 편입되었다. 1995년 1월 1일 대전직할시가 대전광역시로 개칭되면서 비로소 대전광역시 서구 '복수동'이라 부르면서 지금에 이르게 되었다.

복수동은 인구 2만여 명에 7천여 가구 중 아파트가구가 70% 가까이 점유하는 도심 속 변두리지만, 대전서부경찰서, 대전남부소방서, 국립자연휴양림관리소 같은 관공서에 2개 초등학교, 3개 중학교, 2개 고등학교에 대전과학기술대학교까지 있다.

한 개의 자그마한 동 소재지에 이처럼 많은 학교시설을 갖춘 곳도 흔하지 않다. 이는 쟁기봉이 품고 있는 동 중에 하나로 한낱 농경지의 경작을 넘어서 이제는 현실에 맞게 사람을 경작하는 동으로 변모하였음을 엿볼 수 있다. 이 또한 복 받은 일이다.

이제 대전의 중심을 가로지르는 유등천(버드내)을 따라 고수부지는 산책길인 도심공원으로 탈바꿈을 하고 수많은 시민들이 수시로 자전거를 타고 달리고 힘찬 패기로 뜀박질을 하고 산책을 즐기며 축구장에 테니스장 게이트볼에 휴식처가 되고 있다.

충청인의 자부심이고 상징인 계룡산이 수태극 산태극을 그리며 금강을 만들고 수통골을 타고 내려온 산줄기는 방동저수지에서 구봉산을 지나고 쟁기봉을 거쳐 보문산을 올랐다가 식장산을 따라 계족산으로 대전 시내를 휘감으면서 둘레길이 생겨났다.

언제든 산이 좋은 사람은 산줄기 따라 대전 주위를 휘휘 감돌며 세월을 노래하고 물이 좋은 사람은 유등천(버드내) 물줄기를 따라 물고기처럼 오르내리며 유유자적해 볼 일이다. 산과 냇물이 철 따라 그려내는 자연의 환상적인 풍경과 함께 살아볼 일이다.

- 2016. 02. 02.

아들의 생일

이미 대세는 봄쪽으로 기울었다. 절기는 우수를 지나 정월대보름이다. 봄이 턱 밑까지 왔음을 느낀다. 겨울이 쉽게 기세를 꺾이지 않으려는 듯 아직은 바람이 차다. 하지만 곧 잠잠해지면 성큼 다가설 봄이다.

아침 일찍 천안에 사는 둘째가 전화를 했다. 집으로 오겠다더니 둔산에서 만나 점심식사를 하자고 하여 시간에 맞춰 나가기로 했다. 제 생일을 맞아 저희 내외가 의논을 하여 마땅한 식당으로 예약한 모양이다.

아내의 마음은 괜스레 울컥할 것이다. 벌써 사십 년의 뒤안길이지만 그 어렵던 시절 둘째를 낳고 미역국을 먹으며 산후조리를 하느라 겪었던 고통이다. 한순간처럼 지나가는 필름에 애환이 덧칠해져 있을 터다.

허름한 뚝배기일망정 그래도 일품이라는 기장미역을 준비하였다가 미역국을 끓여 억지로라도 밀어 넣었다. 이제 산모도 아니고 미역국도 아닌 한정식 밥상을 받는다. 늘 먹어오던 한식과는 맛도 분위기도 다르다.

물론 아들 며느리가 직접 밥상을 차리지는 않았지만 자리를 마련한 것이다. 어찌 회한이 감돌지 않으랴. 많은 세월이 흘렀지만 자식은 영원하다. 그 작은 몸짓 하나에서 숨소리조차 잊지를 못하고 있을 것이다.

생일이면 초등학교에 다닐 때까지 잔병치레, 잡귀를 물리치고 잘 자라라고 붉은 수수팥떡을 마련하여 이웃과 나눠먹었다. 지금은 케이크가 단골메뉴로 올라오고 생일축하 노래를 함께 부르면서 선물을 주고받는다.

그런데 산모인 어머니를 배려하기보다는 자녀의 생일에만 초점이 맞춰졌다. 말로만 낳고 기르면서 고생을 많이 했다는 공치사였다. 그렇다고 밥 한 끼 제대로 챙긴다고 그런 것들이 모두 보상되는 것은 아니다.

그래도 어머니는 늘 보람으로 여겼고 자부심을 지녔다. 자라나는 모습이 대견하고 뿌듯하여 행복을 느끼며 감사했다. 자식은 그렇게 챙기는 것을 당연하게 여겼다. 마치 빚이라도 받듯 당당하게 투정까지 부렸다.

이제는 더 이상 핏덩이도 철부지도 아니다. 저도 두 아이의 아빠가 되었으니 알 만할 때가 되었지 싶다. 그래 네가 오늘 같은 자리를 마련하였듯이 훗날 네 자식들에게서 이런 날을 맞으면 그 기분 조금은 알리라.

요즘 젊은이가 어디 한정식을 그리 좋아하던가. 하지만 저희의 입맛보다는 부모의 입맛에 맞춰가며 식당을 정했음을 안다. 또한 좀 정갈하고 분위기 있는 곳을 고르느라 고심도 했으리라. 아무튼 부모로선 만족이다.

기분이 좋은데 어찌 식탁에 음식 하나하나가 돋보이며 맛깔스럽지 않으랴. 마음이 홀가분하니 좋으면 먹는 음식도 덩달아 좋아지게 마련이다. 너의 별난 식성도 그간 꾀까다로웠던 성깔도 그 속에 곰삭아 묻어났다.

부모가 직접 마련하지 않고 네가 주관하여 준비한 너의 생일상이지만 많이 먹고 힘을 내거라. 팍팍한 세상이라도 이처럼 조그만 기쁨도 만들어 가다보면 세상이 보다 따뜻하게 들어온다. 그래야 슬슬 잘 풀린단다.

어쨌거나 이렇게 오붓이 둘러앉아 가족으로서 되새김을 하며 오순도순 같이 할 수 있으니 고마운 일이다. 가정을 달리하여 멀리 떨어져서 살다보니 그리 쉽지가 않은 자리다. 오고 있는 봄처럼 신바람 날 일이다.

아들과 며느리와 두 손자 손녀와 함께한 아들의 생일밥상이었다. 아무래도 나보다는 아내의 감회가 더 깊었을 것이다. 부모인 우리의 우산 속에서 훌훌 벗어나 저희들도 새 우산을 펼쳐들고 두 녀석을 거느리고 있다.

이제 한 달 후인 삼월 달에는 첫째 차례다. 우리가 서울로 가야할지 아니면 우리 편하라고 저희가 내려올지 아직 시간이 남았다. 삶이 별거더냐, 감동이 어디 먼 곳에 있더냐. 이렇게 자리를 만들어 보는 것이다.

- 2016. 02. 21.

봄맞이하는 나무 곁에서

너무 서럽다거나 억울하다거나 기대에 아주 못 미쳐 화가 복받치면 진짜 짠한 눈물이 펑펑 흘러내린다. 하지만 그렇게 슬플 때만 눈물이 나는 것은 아니다. 때로는 고통의 늪을 벗어나며 목적 달성에 감동을 한다.

비로소 해방된 기쁨에 가눌 수 없는 눈물이 절로 흐른다. 이 눈물이야말로 어디에 비견할 수 없도록 고귀하고도 아름다워 행복감에 젖어 든다. 곁에서 함께 울어주어도 아깝지 않을 만큼 따스함이 묻어나는 눈물이다.

봄을 맞이하려는 나무들의 모습이 그럴 것이다. 모진 겨울의 길고 긴 고난의 터널에서 벗어나려 한다. 헐벗었던 몸으로 악몽 같았던 시달림을 겪어낸 환희의 눈물이 아니던가. 잎 자리가 촉촉하고 꽃자리가 선명하다.

특히 겨울을 벗어나는 봄의 길목에 수분이 필요하다. 눈시울 같고 눈물 같다. 아픔의 눈물이 아니라 감동의 눈물이다. 위로의 눈물이 아니라 축복의 눈물이다. 애처로운 모습의 눈물이 아니라 떳떳한 값진 눈물이다.

새봄을 맞는 길목에서 맨 먼저 물이 오른다는 고로쇠나무다. 물 오르는 소리가 심장이 뛰는 소리만큼이나 힘차게 들려온다. 마땅히 축복하고 받을 일이다. 그런데 인간이 중간에서 그 수액을 가로채며 달착지근하단다.

사람의 몸에도 좋다고 아우성이다. 그 물을 마시고 겨우내 쌓인 몸 안의 찌꺼기를 씻어내면 기를 북돋아서 좋다고 한다. 나무는 서둘러 길어 올리는 물을 속수무책으로 강탈당한다. 옆구리가 허전하도록 빠져나간다.

삼월에 접어드니 나뭇가지가 촉촉해진다. 바람은 여전히 다소 싸늘하다. 하지만 햇볕과 교감이 있었던가. 곧 봄이 오고 있음에 은연중 암시를 받았거나 연륜서 오는 느낌이었나 보다. 눈물이라도 흘리는 것일 게다.

몸서리치는 수모를 겪었을 겨울에서 벗어날 날도 머지않았음에 감동의 눈물일 것이다. 이것저것 아픔을 접고 봄을 맞을 준비를 하여야 한다. 발끝 뿌리도 꼼지락꼼지락 하며 몸통서 가지로 물길도 열어두어야 한다.

새싹이 움틀 눈자리나 꽃눈이 있는 꽃자리를 더듬거려보아야 한다. 어느 가지가 반신불수 못쓰게 되었는지. 하루가 다르게 서두르면서 우왕좌왕 어수선해진다. 그런데 봄이라는 것이 마음처럼 그리 곱게만 온다던가.

아직은 눈발에 영하의 추위가 몰려들어 행패를 부리고 엄포를 놓아도 꼼짝없이 당하며 하소연할 수도 없다. 눈꼴이 시려도 잠잠히 입 꾹 다물고 있으려니 이미 봄기운이 스멀거린 온 몸은 더 환장을 하겠는 거다.

수차례 꽃샘추위라는 녀석이 괴롭힌다. 그 고비를 잘 넘겨야 봄을 무사히 맞을 수 있다. 잘못하면 여기서 도중하자 저승길로 가기도 한다. 사람들도 환절기로 감기에 시달리며 노인은 특별한 주의를 기울이고 있다.

그렇다고 야무지게 생긴 대추나무처럼 뱃장이 두둑해 뻔뻔스러울 수는 없다. 동네방네가 시퍼렇게 잎이 피고 꽃놀이에 한바탕 떠들썩하다 열매까지 맺은 초여름 더위 때까지 마냥 늦잠을 자고 있을 처지도 못된다.

베어놓은 나무토막에서 한정된 수분을 빨아먹으며 천연덕스럽게 싹이 돋는 것을 보았다. 삶의 애착이다. 저러다 끝장인데 불안하기 짝이 없다. 심한 봄 가뭄에 가지가 메말라 비실비실 마지못해 싹이 트기도 하였다.

새싹이 트는데도 양수 터지듯 촉촉이 물기가 배어 나와야 한다. 감동의 눈물처럼 자연스럽게 묻어나야 한다. 대롱대롱 이슬방울이 흘러내리는 것이 아니라 안으로부터 뿜어내야 한다. 그래야 나무도 발육에 지장 없다.

봄은 나무에게는 한 해의 출발선상이다. 어쨌거나 출발이 순조로워야 한다. 새싹이 튼실하게 돋고 꽃이 곱게 피어나야 한다. 날씨도 좋아 열매를 맺는데 지장 없어야 한다. 그래야 마음 놓고 무럭무럭 자랄 수 있다.

지겨웠던 겨울을 털어내고 새봄을 맞을 무렵이면 나무도 서러움보다는 감동의 눈물에 축축이 젖으며 지난날을 벗어나듯 슬그머니 놓아주지 싶다. 단순히 성스러운 목숨을 위한 긍정적인 따스한 마음에서의 접근이다.

굳이 논리적으로 따지기로 하면 어디 나무가 눈물을 흘린다고까지 비약을 할 수 있을까. 하지만 축축하게 배어나오는 수분을 뭐라고 할까. 그 수분을 머금고 싹이 움트고 꽃이 피어나는 것을. 새로운 계절을 맞는 것을.

사람도 새싹이 움트려는 듯이 몸이 근질근질하다. 그만큼 마음에 계절의 변화를 느끼며 자연스럽게 빠져들어 동화되고 있는 것이다. 움츠렸던 피부의 세포가 점점 열리며 활기를 찾아가고 있는 것이다. 상큼한 봄이다.

- 2016. 03. 01.

봄바다 다도해 보길도

오랜만에 해남의 땅끝마을에서 노화도를 거쳐 보길도로 간다. 어부사시사가 있는 윤선도의 보길도를 간다. 보길도는 완도에서 남서쪽으로 32km 떨어져 있고, 해남반도 땅끝에서는 남으로 12km 떨어져 있다. 동서 12km, 남북 8km에 면적이 33제곱km인 섬은 하나의 독립된 면으로 온통 동백나무 같은 상록수림으로 덮여 한 겨울에도 푸름을 간직하고 있다.

보길도는 다도해 해상국립공원에 노화도와 나란히 있다. 땅끝마을에서 뱃길 따라 30여 분이면 도달할 수 있는 거리로 지금은 두 섬이 연도교로 연결되어 차들이 오가면서 같은 지역 생활권이 되었다. 이제 바다는 잡기만 하던 어장에서 키우는 어장으로 활기를 찾는 텃밭이 되었다.

장마철 물고기가 드센 물살을 가르며 상류로 다시 상류로 오른다. 힘이 치솟는다. 있는 힘껏 지느러미를 힘차게 내두르며 이를 앙당물고 치받아가며 오른다. 거센 물살에 밀려나면 다시 머리를 내밀고 안간힘을 쓴다. 기를 쓰고 오르는 것은 무엇이 궁금하고 무엇이 당기는 걸까.

뉴장보고호가 유유히 가고 있다. 그냥 바다가 아니다. 봄이 건너오는 바다다. 봄을 안고 봄이 오는 방향을 향해 거슬러 가고 있다. 짠맛에 비린내만 풍기는 바다가 아니다. 어부들의 삶의 땀이 흥건히 흐르며 온기가 담긴 바다다. 섬을 헤집고 양식장과 허허로운 찬바람을 비껴간다.

다도해해상국립공원이라고는 하지만 남해바다는 시퍼런 물결의 동해바다와 달리 아무래도 물이 탁하다. 몇 마리 갈매기다. 봄을 물고 우리를 맞이하는 봄의 전령이냐. 우리가 너희를 반기는 것이냐. 너희마저 없으면 좀은 쓸쓸했을 바다다. 갈매기와 함께 바다에 봄기운이 감돈다.

보길도에서는 관문인 청별나루에서 도보로 15분 거리에 있는 고산 윤선도(1587~1671)의 사적비(사적 제368호)가 있는 세연정이 으뜸이다. 윤선도가 제주도를 가다 마음을 빼앗겨 정착하면서 만든 연못과 정자로 조경유적 중 특이한 곳으로, 고산의 독특한 발상이 잘 나타난 곳이다.

연못 가운데 정자가 있다. 연못은 개울에 보(일명 굴뚝다리)를 막아 논에 물을 대는 원리로 조성된 세연지로 다섯 구멍으로 물을 받아들이고 세 구멍으로 물을 빼면서 수위를 조절하였다. 물이 넘치면 물속에 잠기고 물이 부족하면 다리 역할을 할 수 있도록 잠수교처럼 만들어졌다.

이곳에서 고산 윤선도는 불후의 명곡인 어부사시사를 창작하였다. 두 아름드리 소나무도 구부정하니 힘들어 하는 기색이 역력하다. 일곱 개 기이한 바위는 숱한 세월이 흘러가도 옛 모습을 고스란히 간직하고 싶었으나 아쉬움이 담긴 이끼를 머금은 채 외로움만 가득 짊어지고 있다.

가뭄 탓에 연못은 물이 잦아들고 어쩌면 변형된 어부의 영혼들이 어화둥둥 춤이라도 추는 걸까. 때 이른 하루살이가 마구 눈을 찌를 듯이 덤벼든다. 에둘러 곱게 삭여본다만 고산 윤선도가 작금의 이런 모습들을 보면 그래도 손님에 대한 예의가 아니라고 호통이라도 떨어졌지 싶다.

전에는 큰길가에서 초등학교와 나란히 그냥 드나들었다. 입구를 학교 뒤편 외진 곳으로 옮겨놓고 입장료를 받기에 급급할 뿐 막상 안내자나 해설자도 없이 입장객에게 너무 소홀히 하고 있지 싶다. 하기야 세월의 은총을 받아 무료입장을 한 처지에 이런 말을 하기도 좀은 거북스럽다.

앞바다에 안개 걷고 뒷산에 해 비친다
배 띄워라 배 띄워라
썰물은 물러가고 밀물이 밀려온다
찌그렁 찌그렁 어사와
강촌 온갖 고지 먼빛이 더욱 좋다.
— 어부사시사 봄노래.1

어부사시사는 어부의 4계절 노래로 계절마다 10수씩 40수로 되어 있다. 그 중에 봄노래의 첫수다. 보길도에서 어찌 세연정과 바다만을 보거나 어부사시사 이야기만을 늘어놓다 가랴. 섬의 최고

봉인 격자봉(433)을 오른다. 멀리서 바라보면 황소가 드러누운 듯이 완만한 산세를 지녔다.

그러나 안쪽에 들어서면 동백나무가 잡목처럼 빼곡하여 한낮에도 숲은 어두침침하다. 기암괴석도 군데군데 나타나며 그 중에 거대한 누룩바위가 길목에서 잠시 쉬어가라고 발길을 당긴다. 하지만 정상은 그냥 지나쳐도 모를 만큼 너무 싱겁고 단조로워 위엄성이라고는 찾아볼 수가 없다.

능선으로 내닫던 도중에 샛길인 예송해수욕장이다. 당초에는 방풍 목적으로 조성을 하였던 숲인데 삼백 년을 훌쩍 넘어가면서 울창한 상록수림으로 우거지고 천연기념물로 지정을 받을 만큼 해수욕장 주변을 둘러싼 거목들이 되었다. 동백나무가 아름드리로 다시금 올려다보게끔 한다.

바다의 겉모습은 많이 달라졌지 싶지만 치장을 하였을 뿐인 그 골격은 그 때나 여전히 다른 것이 없다. 유난히 이곳에만 모여 있는 주먹만 한 것에서부터 손가락 한 마디 정도의 검은 몽돌들도 또한 달라진 것이 없다. 다만 자연에 인공을 가하여 다소 분위기를 다르게 조성해 놓았다.

작은 포구로 천혜의 조건을 갖춘 해수욕장이다. 여전히 당찬 바다의 물결은 연신 밀려오고 곧바로 밀려가며 거침없이 내지르는 속성에 따라 규칙적이면서 반복적인 해조음을 읊어대는 것 또한 다를 것이 없다. 그러나 이곳에서만 특별히 들어볼 수 있는 절절한 가락이 있어 인기다.

채 날이 밝기도 전인 새벽녘에 어머니는 콩나물시루에 바가지로 물을 듬뿍 퍼 주었다. 물은 고만고만한 콩과 콩 사이를 한꺼번에 빠져 나오면서 만들어 내는 그 물 내리는 소리가 쏴아~ 일품이었다. 이곳 또한 흙 한 줌 없는 몽돌 사이로 삽시간에 빠져나가는 물소리가 감미롭다.

순식간에 서로 몸을 부딪치며 하얗게 만들어졌던 거품은 쏴아~ 소리와 함께 잦아들고 새카만 돌들만 남아서 눈이 부실 만큼 반들거리면서 절로 감탄을 쏟아내게 한다. 한 쪽엔 고깃배들의 쉼터로 도열해 있고 한 쪽은 미역양식장인 바다의 텃밭으로 주민들의 생활의 터전이 되었다.

어둑한 새벽녘 어머니는
윗목 콩나물시루에
물을 주었다
쏴아~
콩은 물을 먹고 크고
나는 콩나물을 먹고 컸다.

예송해수욕장 자갈밭은
바다가 물을 주면
쏴아~
계절을 걸러
봄을 읊조리고 있는
새카맣게 닳고 닳은 몽돌

— 예송해수욕장에서

보길도는 고산 윤선도의 섬이고 동천석실 같은 그의 유적지를 품고 있다. 비록 그를 만날 수는 없어도 보길도는 있고 어선은 여전히 드나들었다. 그의 학문과 어부를 사랑하는 마음의 어부사시사는 전설이 되었다. 오랜 세월이 더 흘러도 쉽게 지워지지 않고 그리움으로 다가설 것이다.

바다와 섬과 산과 바위와 정자며 나무가 달라진 것은 없었다. 어쩌면 나만 성급하게 헤아리고 나만 반가워했을지도 모른다. 그래도 좋다. 저들이 나를 모른 체 해도 나는 알고 있으니 괜찮다. 아무렴, 그럴 수도 있다. 그들에게는 그런 표현 능력이나 기억할 여력이 없었을 터이니 말이다.

비록 오늘 하루 짧은 시간에 혼자 좋아하다가 혼자 서운해서 돌아가도 괜찮다. 좋아 찾아온 길 세연정은 물론 산을 오르고 해변도로까지 걸으며 나름대로 휘휘 둘러보고 떠난다. 갔다가 다시 생각나면 찾아올 것이다. 굳이 나 혼자 짝사랑이라고 불러도 괜찮다. 이번엔 봄을 안고 간다.

- 2016. 03. 13.

제2부

때로는 곁눈질이 잘 보인다

때로는 곁눈질이 잘 보인다

비워야 한다고 합니다. 공감이 갑니다. 처음부터 너무 욕심이 앞서 보잘것없는 것으로 가득 채우면 다음에 좋은 것들이 많이 있는데 어찌 담을까요? 먼저 그릇부터 비워내야 그 빈 공간에 새로운 것으로 채울 수 있겠지요.

예전에 중국식당에 간 적이 있습니다. 요리를 시켰는데 배도 고팠지만 처음부터 허겁지겁 정신없이 먹었습니다. 조금씩 맛보듯 하라고 했지만 들리지 않았습니다. 뒤로 갈수록 귀한 음식이 나오는데 먹을 수가 없었습니다.

엄청나게 많이 먹을 것 같아도 한꺼번에 먹을 수 있는 양은 한계가 있어 여유가 없는데 자꾸 먹는다는 것은 무리가 되지요. 마음도 잡념으로 가득 차면 부담을 느끼듯 아무리 좋은 것을 보고 들어도 받아들이질 못하지요.

머리카락 하나는 너무 가늘어서 잘 보이지를 않습니다. 그런데 시커먼 머리에 흰 머리카락 몇 개가 있으면 온통 흰머리인 것처럼 보입니다. 숫자로 보면 대단한 것이 아닌데도 악착같이 뽑아내려고 합니다.

낙엽의 계절입니다. 어느덧 큰 나무도 잎이 거의 져버렸습니다. 어쩌다 높은 가지 끝에 한두 개 이파리가 매달려 바람에 바들바들 떨며 흔들립니다. 텅 빈 가지 사이로 그 모습이 크게 들어오며 너무 애처롭기만 합니다.

우수수 쏟아지는 낙엽을 보고도 괜찮았는데 순간 왜 그런 마음이 들었는지. 사실 저 이파리는 홀로 남다시피 하여 무서움에 얼른 떨어지고 싶은 것인지 아니면 떨어지기 싫어 발버둥치는 것인지도 구분이 아니 됩니다.

숲속에 들면 오로지 나무들만 있을 뿐 숲이 제대로 보이지 않고 산속에 들면 산이 어떻게 생겼는지 제대로 보이지 않습니다. 숲에서 나오고 산에서 나와 좀 떨어져 보아야 비로소 숲이 보이고 산의 모습이 들어옵니다.

저 너른 하늘에 구름이 많아도 보지 않는데 푸른 하늘에 한 점 떠가면 그렇게 아름답게 보일 수가 없습니다. 밤하늘에 별이 그렇게 많아서 무관심이었나 봅니다. 달처럼 또 해처럼 하나뿐이었다면 더 눈여겨보았겠지요.

문 틈새로 빠끔히 바깥을 내다보면 미처 몰랐던 것이며 그간 보이지 않던 것까지 아주 뚜렷하게 보입니다. 너무 많아 보지 못하였나 봅니다. 너무 넓어 보지 못하였나 봅니다. 또한 너무 가까워 보지를 못하였나 봅니다.

더 나아가 눈을 감아야 잘 보인다고 합니다. 지난 일은 눈을 크게 떠도 소용없습니다. 조용히 눈을 감고 되돌려봅니다. 또한 진저리 치는 일은 피하기 위해 눈을 감아도 되살아납니다. 아주 생생하고 또렷하게 확대됩니다.

해가 기울은 오후에 산모롱이를 돌아가는데 단풍나무 한 그루가 뒤늦게 그렇게 아름다울 수가 없었습니다. 햇볕까지 쏟아지니 스포트라이트를 받으면서 한 폭의 그림이라고 하기에는 표현이 너무 서툴고 부족했습니다.

가을 내내 그렇게 많은 단풍에 아름다운 모습들이 지천이었는데 그때는 보지를 못했습니다. 그들이 거의 사라지고 끝물로 남아있을 때 가슴이 뭉클하도록 울려오는 것은 왜입니까? 떠나보낸 아쉬움에 대한 보상입니까?

이따금 '비정상의 정상'이라는 말을 쓰기도 하지요. 무슨 일을 똑바로 보고 읽기보다는 좀은 삐딱할 때가 오히려 정상적일 때가 있습니다. 사격할 때 정조준 하려고 한 쪽 눈을 질끈 감기도 하고 오조준을 하기도 하였지요.

야구에서는 중심을 잡고 힘껏 갈겼지만 빗맞은 타구가 오히려 행운의 안타가 되기도 하지요. 때로는 예측불능으로 개구리처럼 멋대로 뛰니 차라리 거꾸로 보아야 하는, 물구나무서서 보아야 따라잡을 세상인가 봅니다.

스트레스를 줄여 자주 웃으며 살아가야 할 텐데. 너무 깊숙이 들어가도 아니 보이고 너무 가깝거나 커도 구분을 못합니다. 그렇다고 입맛에 맞는 것만 찾다가는 세상살이 너무 피곤해지지요. 그래도 어쩝니까, 웃어야지요.

- 2014. 11. 28.

병원도 자주 가야 싸다

을미년이 가고 병신년 새해가 밝았다. 새해에 좋은 선물도 많으련만 병신같이 최근에 몰랐던 감기를 선물로 받은 것 같다. 겨울답지 않게 날씨가 포근하다가 갑자기 추위가 몰려오며 비로소 냇물도 살짝 얼었다.

지난밤 잠자리에 이불을 제대로 덮지 않았는지, 밤늦게 서재에 있었던 탓인지, 아침이 되니 영 기분이 좋지 않다. 머리가 무겁고 한쪽이 쑤셔댄다. 어쩌다 나온 헛기침에 머리통이 통째로 울리며 짜르르 흔들린다.

눈이 찐득거리고 기분이 착 가라앉아 식욕도 별로다. 잦은 기침이 나오거나 콧물이 나오는 것도 아니다. 좀 지나면 괜찮아지겠지 하였으나 점심때가 지나도 호전될 기미가 보이지 않는다. 아무래도 감기지 싶었다.

동네 작은 병원을 찾았다. 아파트 앞에 여의사가 운영하는 곳이다. 접수창구에서 이름을 대며 감기 때문에 왔다고 하니 간호사가 양쪽 귀에서 체온을 측정하더니 열은 없다고 한다. 잠시 후 의사 앞에 호출되었다.

안녕하세요? 인사를 하자마자 증세를 늘어놓았다. 덧붙여 지난 가을에 독감예방주사를 맞았으니 감기가 왔나보다고 주사를 한 대 맞고 싶다고 의사 앞에서 내가 진단을 하고 처방까지 스스럼없이 내리고 있었다.

의사는 컴퓨터에 수록된 진료일지를 들여다보며, 내 이야기에 동조하듯 매년 독감예방접종을 하였으니 면역이 되어 독감은 아니고, 요즈음 많이 번지고 있는 감기에 무게를 두고 주사를 맞으라며 진료를 끝냈다.

간호사한테 엉덩이에 주사 한 대를 맞고 카운터에서 진료비를 계산하려니 지난번까지는 1,500원인데 이번에 진료비 규정이 바뀌어 4,800원이란다. 그런데 1개월 내에 다시 진료 받게 되면 그때는 1,500원이란다.

대뜸 고개가 갸웃해진다. 병원에 자주 와서 진료를 받는 단골손님이면 진료비가 싸고 드문드문 진료를 받아 보험료를 축내지 않으면 세 배나 넘게 비싸냐고 하니까 웃을 뿐 달리 명쾌한 답변을 내놓지 못한다.

그렇다고 누가 병원에 자주 오고 싶겠는가? 말하나마나 몇 배가 비싸도 오래도록 안 오는 것이 백 번 낫다. 오죽하면 단골손님처럼 드나들어야 할까. 하지만 그런 측면이 아니라 이치적으로 너무 불합리함이다.

처방전을 받아들고 약국에서 2일치(6봉지) 약값으로 1,200원을 지급하였다. 돌아오면서 곰곰이 생각해도 이해가 되지 않았다. 물론 자주 병원을 찾으면 의료비 부담이 많아지니 다소라도 줄여주려는 측면은 있다.

그러나 자주 진료를 받으면 본인 부담금은 물론 의료보험공단의 부담금도 많아진다. 따라서 진료가 적으면 의료보험공단측면에서 그만큼 부담금이 줄어드니 혜택을 주어야 할 텐데 거꾸로 부담을 더 지우는 것이다.

이처럼 단순한 상식으로는 풀 수 없는 일들이 간혹 있다. 소위 비상식 속의 상식이라고나 할까. 그래서 살아가면서 더 생각하고 더 재미가 있는지도 모른다. 그래야 때로는 풀 수 없는 문제도 풀 수 있기 때문이다.

어쨌거나 빨리 감기가 낫기만을 바랄 뿐이다. 그러나 그도 바람 뿐이었다. 감기는 아무런 차도가 없이 시큰둥하였다. 다시 병원을 찾으니 기다렸다는 듯이 요즘 감기는 보통 일주일은 치료받고 약을 먹어야 한단다.

다시 의사 앞에 섰고 계속 머리가 아프다는 말에 약을 먹어도 진정될 기미가 없으면 별도로 검사를 받아보아야 한단다. 병원이라야 환자의 말만 듣고 그대로 처방을 하니 너무나 진리에 가까운 당연한 말씀이다.

전처럼 주사 한 대를 맞고 이번에는 단골손님이 되어 진료비가 4,800원에서 1,500원으로 1/3도 되지 않았다. 약값도 2일분이나 3일분이 똑같이 1,200원이다. 오늘은 기분이 좋아서 감기도 끝장을 볼 것 같다.

- 2016. 01. 14.

너의 세월 나의 인생

시간은 끊임없이 흘러간다. 빠르다거나 늦다거나 멈춤이 없다. 한 치의 오차도 있을 수가 없다. 시간이 모여서 세월이 되고 인생이 된다. 어찌 보면 이 세월이라는 큰 무대에서 삶이 안간힘을 쓰며 열연을 하고 있다.

그래서 누구는 시간이 모자라 너무 짧다고 하고 누구는 시간이 너무 넉넉해서 지루하다고도 한다. 또 대중에는 그냥 시큰둥한 사람도 있다. 변함없는 시간인데도 받아들이는 입장에서는 이처럼 주관적으로 제각각이다.

생각을 하거나 느끼는 입장이 달라 나의 세월은 그냥 머무르는데 저 사람의 세월은 아주 빠르다거나 반대로 나의 세월은 아주 빠른데 저 사람의 세월은 그냥 그 자리에 머물고 있다고 여기며 내 입장에 맞추려한다.

남의 시간 남의 세월은 건성건성 보면서 그때그때 즉흥적으로 판단을 한다. 정작 내가 나의 세월은 직접 보지 못하고 보려고도 하지 않는다. 마치 내게는 문제가 없는데 늘 너에게 문제가 있는 것처럼 생각을 한다.

누가 이번에 며느리를 본다고 청첩장이 왔다. 아니 그 꼬마가 벌써 장가를 간다고. 아니 그 사람이 벌써 며느리를 본다고. 마치 나는 그냥 머물러 있는데 그 사람만 시간이 흘러 그런 일이 생긴 것처럼 여운을 남긴다.

옆집 친구 아들이 제대를 하였다고 인사를 한다. 아니 엊그제 군대에 간다고 너의 아버지가 큰 걱정을 했는데 벌써 제대를 하였느냐고 한다. 하루가 일 년처럼 얼마나 지긋지긋하게 지내었는데 할 말을 잊지 못한다.

오랜만에 지인을 만났다. 자기는 아주 파삭 늙었는데 어쩌면 하나도 변한 데가 없느냐고 호들갑을 떤다. 그럴 리가, 늙으면 같이 늙었을 텐데. 그냥 기분 좋으라고 덕담하는 것쯤으로 받아들이며 그래도 나쁘지는 않다.

어떤 사람은 너무 지나치다. 자신은 물론 자식이 어떻고 혼자서 잘 풀리고 있는 것처럼 침이 튀게 자랑에 자랑을 늘어놓는다. 덧붙여서 누구는 어떻다고 흉을 보는 것인지 안 됐다고 동정을 하는 것인지 알 수가 없다.

자신은 하는 일마다 폭삭하여 고비를 여러 번 맞았는데 다 누구 때문에 이 지경이라고 험담을 넘어 악담을 한다. 덧붙여서 누구는 누구 덕을 톡톡하게 보며 술술 풀려 용이 됐다고 칭찬인지 비아냥인지 알 수가 없다.

살아가면서 말처럼 그렇게 쉬울까. 집집마다 들여다보면 멀쩡

하지 싫어도 상처나 아픔 몇 개쯤은 다 가지고 있다. 그저 드러내 놓지 않았을 뿐이다. 또 자랑할 일도 몇 개쯤은 다 가지고 있다. 입 다물고 있을 뿐이다.

요행수는 바라지 않는 것이 좋다고 한다. 그렇다면 그만한 노력을 하여야 하고 때로는 시련도 겪어야 한다. 나만 어렵게 살아가는 것이 아니고 나만 쉽게 살아가는 것도 아니다. 다만 어떻게 살아가느냐의 차이에 있다.

이슬비에 옷이 젖고 한 방울의 빗물이 모여서 냇물을 만들고 큰 강물을 이룬다. 똑같은 일을 하여도 그 작은 차이가 모여서 나중에는 엄청난 차이가 생겨난다. 사고의 차이고 처신의 차이이고 관리의 차이일 수도 있다.

장사하는 사람은 보잘것없는 한 푼 두 푼 익금이 모여서 큰돈을 벌어 성공하기도 하고 그를 우습다거나 얕잡아보다 손해가 누적되면서 끝내는 실패하고 부득이 문을 닫기도 한다. 결국 약간의 차이가 큰 차이가 된다.

세상만사 가장 공평한 것은 시간이라고 한다. 그 누구도 간섭을 할 수가 없다. 또 가감을 하거나 멋대로 돌려놓을 수도 없다. 똑같은 조건에서 시작을 하고 그 결과를 받아들이게 된다. 그 시간에 기회라는 것이 있다.

기회를 잘 이용하여야 한다. 때를 잘 잡아야 한다고 한다. 한 번 가면 그만이라고 한다. 야속하게도 그 시간은 다시 오지 않는다. 기회에 능력과 성실함과 신용이 합쳐지고 친절로 포장을 하여 힘을 발휘하게 된다.

봄이면 새싹이 돋고 꽃망울을 터뜨린다. 나무마다 그 모습이 다르다. 가을이면 열매를 거두고 단풍으로 물들어 낙엽으로 떨어진다. 누가 알려주거나 시키지 않아도 때가 되면 안다. 사람이 살아가는 세상도 마찬가지다.

너의 세월이 곧 나의 인생이기도 하다. 너의 시간이 가고 세월이 가는 동안 나의 시간도 똑같이 가고 세월이 가면서 인생이 만들어진다. 사람은 사회적 공동생활을 하면서 내가 나를 못 보기에 네가 거울이 된 것이다.

남의 시간 남의 세월만 보고 이러쿵저러쿵 할 일이 아니다. 때로는 나의 시간과 세월과 인생을 들여다보고 점검할 일이다. 정도의 차이는 있을망정 그렇게 생각처럼 특출나지도 않고 모자라지도 않기에 해볼 만하다.

- 2016. 03. 26.

시간의 블랙박스

가뭄에 더위가 극성을 부리지만 깊숙한 계곡물은 아주 차갑다. 발을 담그는 순간 온몸이 짜르르 섬뜩하게 전율한다. 더위가 발밑에서 소리를 내지르며 흘러가고 여름이 떠내려간다. 정신이 오싹할 만큼 삽시간에 시원하다. 조금만 변화를 줘도 금세 반응한다.

공원을 지나는데 사과나무에 사과가 몇 개 달렸다. 호기심에 들여다보았다. 그 중 하나가 반쯤 썩어가고 있었다. 왜 그냥 두고 있는지 마음이 편치 않았다. 썩은 사과를 빨리 따서 땅에 묻거나 하면 다른 사과라도 멀쩡하지 않을까 하는 마음이 스쳐갔다.

내 몸이나 마음도 사과처럼 썩어가고 있는 것은 아닌지 모르겠다는 생각이 번뜩 들었다. 그 썩은 부분을 빨리 찾아서 도려내야 남은 부분이 말짱할 텐데, 현실은 너무 무감각해져서 잊은 지 오래다. 참는다기보다는 곪아터질 때까지 키워가고 있는 것이다.

가족들과 함께 알려진 음식점에 갔다. 큰마음 먹고 그래도 좀 낫지 싶은 음식을 주문했다. 그러나 기대와는 달리 아주 규격미달이었다. 얼렁뚱땅 값만 챙기는 것 같은 기분이 들면서 사기를 당한 허망한 느낌이었다. 순간 배신감이 쉽게 가라앉지 않았다.

제대로 된 음식에 친절한 서비스로 제 값을 받아야지 성업 중이라고 건성건성 돈만 챙기려고 한다면 불신으로 이어질 수밖에 없다. 눈앞 돈에만 눈이 어두워 손바닥으로 하늘을 가리듯 기만하면 당장은 좋을지 몰라도 소문은 꼬리를 물고 퍼져나갈 것이다.

결국 그 음식점은 손님이 점점 줄어들면서 어려워질 수밖에 없다. 뒤늦게 수습한다고 할인행사에 서비스를 내세워도 한 번 떠난 손님은 쉽게 돌아오지 않는다. 마음을 돌이키기가 생각처럼 그렇게 간단치가 않다. 끝내는 시름시름 문을 아예 닫기도 한다.

주인은 몰라도 손님은 기억에 담는다. 뜨내기손님을 모셔오는 것도 중하지만 기왕에 오는 손님을 잘 관리하는 것도 중하다. 그래서 흔히 정상에 오르거나 유명세를 탈수록 보는 눈길도 많고 도전하는 사람도 많아 그 자리를 지켜내기가 더 힘들다고 한다.

이글거리는 무더위에 더 붉게 피어나는 꽃을 본다. 백일홍(배롱나무)이다. 더워야 그 열기를 빨아먹으며 신바람 나게 꽃으로 피어난다. 들녘의 벼도 물만 충분하면 더위를 잊고 잘 자란다. 덥다고 다 싫어하는 것은 아니다. 다만 그들이 내색을 아니 할 뿐이다.

오히려 선선하면 냉병에 제대로 발육이 안 되어 망쳤다고 한다. 그렇게 차별화되는데도 같은 잣대로 보려는 것은 현실과 동떨어진 것으로 무리일 수밖에 없다. 그릇된 판단으로 자칫 망가질 수밖에 없다. 저마다 개성이라는 것이 있기에 존중하여야 한다.

흔히 초록은 동색이라고 한다. 풀도 나무도 끼리끼리 모여서 살아간다. 그래야 보다 존재감이 드러나고 살아가기가 쉬워진다. 잘 가꾼 잔디밭에 토끼풀이 기습적으로 나타나고 잡풀이 한순간에 뒤덮으면서 잔디는 찾아보기 어렵다. 저희들끼리 생존경쟁이다.

저희끼리 짝짜꿍이 되어 잡된 것은 발길조차 들여놓지 못하게 거부하며 자신들만의 세계를 만들어 간다. 곳곳에서 우리 사회도 끼리끼리 하려고 한다. 작당을 하는 모습이 참으로 너무한다고 비쳐진다. 사람은 사회적 동물로 함께 더불어 가야 한다.

손목시계를 사용하지 않고 벗어 오래도록 그대로 두었더니 녹슬어 가지도 않는다. 촌에 가면 여기저기에 빈집이 많다. 그냥 비워두면 더 쉽게 허물어진다. 양복을 벗어 안 입고 그대로 두면 더 낡는다. 넥타이를 그냥 두면 구식으로 볼품이 없는 그뿐이다.

사용할 수 있을 때 사용하는 것이 제대로 된 모양새로 품위와 품질을 유지한다. 그냥 둔다고 그 모습 그대로 멈추는 것은 아니다. 세상은 끊임없이 변하고 물은 흘러간다. 바람도 지나간다. 보고 듣고 느끼는 분위기가 달라지는데 마음인들 변하지 않으랴.

그때그때 챙겨보는 길밖에 없지 싶다. 앞서가지는 못할망정 따라는 가야 한다. 같이 변해야 세상에 적응하며 편안하게 살아간다. 몸도 마음도 지난날에 머물며 새 것에 손 놓고 바라보고만 있으면 답답하다. 현실에서는 버거워 자연스럽게 뒷전으로 밀려난다.

가만히 있거나 쓰지도 사용하지도 않고 그대로 둔다고 새 것으로 남아있는 것은 아니다. 그냥 헌 것이 되고 낡은 것이 되고 뒤떨어진 것이 될 뿐이다. 고여 있는 물은 썩게 된다. 바람이 멎으면 더 이상 바람이 아니다. 마음을 아낀다고 달라질 것은 없다.

꾸준하게 생각할수록 새로운 마음이 생겨나고 참신해진다. 밀어놓은 만큼 놓치고 늦어진다. 호기심이 많은 어린 손자가 새롭게 접근을 하며 할아버지를 되레 깜작 놀라게 할 만큼 생각하는 바가 달라졌다. 생활환경이 바뀌면서 마음에도 변화를 요구한다.

그런데 답보상태로 따라주지 못하면 뒤떨어질 수밖에 없다. 오늘 하루를 조용히 돌아본다. 땡볕을 피해 아침녘 시원한 그늘이 음지라고 여겼는데 오후로 가면서 따끈따끈한 햇볕에 양지가 되었다. 가만히 있어도 햇볕이 변화를 가져오며 바뀌는 것이다.

비단 햇볕만이 아니다. 내 의지나 의사와 관계없이 바뀐다. 영원한 것은 없다. 이 시간도 크고 작게 흔들리며 변화를 요구하고 있다. 멎으면 흐름에 뒤떨어진다. 최소한 따라잡기라도 하여야 한다. 지난날은 지난날일 뿐 현재와 다르고 미래는 더 다르다.

잠시도 빈틈없이 흘러가는 시간은 분명히 모든 것을 재고 있을 터이다. 그 많은 것들을 보이지 않는 누군가는 또박또박 기록을 하여 어딘가에 간직하고 있지는 않을까? 때로는 저마다 기록이 있을 텐데 그 기록들을 하나도 빼놓지 않고 열람해 보고 싶다.

세월이라는 이름으로 흘러가는 시간은 한 번도 고장 나거나 착오가 없을 터이다. 그러나 그 시간의 블랙박스를 어디에 감췄는지 찾지 못하고 있다. 나는 대한민국의 떳떳한 국민이다. 정부종합민원실에 열람할 수 있게 해달라고 신청을 하여야 할까 보다.

아니 민중의 지팡이를 자청하면서 무엇을 도와드릴까요? 하는 친절한 경찰청에 찾아달라고 민원신청을 하여야 할까 보다. 내 시간의 블랙박스는 누가 어디다 기록하여 보관하고 있는지 가끔은 그것이 알고 싶다. 흘러가는 시간과 함께 자꾸 변해야 한다.

- 2015. 08. 06.

가을밤 책 읽기

책은 자꾸 읽고 읽혀야 한다. 아무리 좋은 책을 곁에 많이 쌓아두었다고 한들 읽지를 않으면 단순히 책이라는 물질적 소유는 될지언정 그 속에 내용까지는 미치지 못하니 완전한 소유라고는 할 수가 없을 것이다.

책은 장식품이 아니다. 겉모습을 보는 것이 아니다. 남의 눈을 의식한 장식품 같은 책은 한낱 겉치레인 속물이 될 뿐이다. 책 속 행간에서 숨겨진 보석 같은 알맹이를 찾는 것이다. 그 참된 뜻을 찾아내는 것이다.

아무튼 책은 읽어야 한다. 자꾸 읽혀야 한다. 곁에 두고 읽지 않으면 책으로서의 존재가치를 지니지 못한다. 어쩌면 언제 버려도 좋고 언제 없어져도 모를 하나의 휴지더미가 모여 있는 것이나 마찬가지일 수 있다.

그냥 두면 책 위에 진정한 주인을 잃고 세월의 먼지만 수북하게 쌓여갈 뿐이다. 책에는 생명력이 있다. 썩지 않는 진리가 담겨있다. 기발한 감동이 들어있다. 그 생명력은 독자가 불어넣고 스스로 찾아내야 한다.

무표정하던 책에서 온기를 찾고 이글거리는 진수의 잉걸불을 찾는 것이다. 그 정수를 찾는 것이다. 책은 어느 특정된 한 사람의 것이 아니기에 어느 한 사람만이 느낀 감정을 그냥 그대로 받아들일 수는 없는 것이다.

각자가 읽어 찾아야 한다. 따라서 책의 주인은 다양할 수밖에 없다. 작가 혼자만의 것일 수도 있고 몇몇이나 수많은 사람일 수도 있다. 물론 읽어 은연중 번뜩이는 예지가 들어있어야 한다. 비록 한 줄이어도 좋다.

한 권의 책을 읽고 그 중 비록 한 줄이라도 보탬이 되었다면 그만한 가치가 있는 것이다. 가슴 뭉클하게 담을 수 있었다면 큰 수확이라고 할 것이다. 잘 여문 한 톨 씨앗을 얻어 자신의 마음밭에 뿌려볼 일이다.

단순히 산이 높다고 다 명산은 아니다. 너무 높아 오르지 못하면 그 진면목을 직접 보고 느낄 수 없다. 낮은 산이라고 생각처럼 다 별 볼 일 없을 거라고 얕잡아 볼 것도 아니다. 오히려 볼 만한 곳이 많을 수 있다.

최고만을 요구할 것이 아니다. 때로는 일등이 풀지 못한 문제를 꼴찌가 풀기도 한다. 좀 수준이 떨어지지 싶어도 읽어서 좋고 부족하고 나쁜 것을 구별할 능력이 있는 것만으로 그만한 가치를 지녔다고 할 수 있다.

아무리 수준이 높은 책이라도 읽어서 소화할 수 없으면 무슨 소용이 있으랴. 우선 자신의 수준에 맞는 책을 선택해야 한다. 마치 초등학생이 대학생의 책을 읽는다고 한들 건성일 뿐 내용을 제대로 이해하겠는가.

읽어가며 때로는 깊이 사유도 하고 푹 빠져들 수 있어야 한다. 뭔가 나름 건져낼 수 있어야 한다. 제대로 읽어 한 걸음 나아가야 한다. 아무리 읽은들 얻는 것이 없으면 자칫 시간낭비에 지나지 않을 수도 있다.

남이 좋다 하여 무조건 좋은 것이 아니듯 남이 나쁘다 하여 꼭 나쁜 것이라고는 할 수 없다. 자신의 능력에 맞게 받아들이면 될 것이다. 결국은 자신이 읽고 소화하며 좋은 영양가를 찾아서 받아들여야 할 것이다.

책에서 마음의 양식을 얻는다고 하지 않던가. 내 책을 읽었으니 네 책을 읽는다는 품앗이가 아니다. 고전을 읽었으니 신간을 읽어야 하는 것도, 어제는 운문을 읽었으므로 오늘은 산문을 읽어야 하는 것도 아니다.

저마다 보는 각도가 다르듯 받아들이는 각도도 다르다. 거꾸로 볼 수도 있다. 아주 난해한 때도 있을 수 있다. 애당초 까막눈처럼 보고도 못 보거나 진수를 알지 못하면 어쩌겠는가. 보람된 가치를 찾아내야 한다.

자신의 취향에 따라서 구미에 당기는 대로 읽으면 된다. 이미 계획이 있다든지 전문서적을 읽어보는 것도 괜찮을 것이다. 단지 읽었다는 단순한 의무감에 끝나지 않고 그래도 마음의 정서에 보탬이 되었으면 한다.

가을은 천고마비의 계절이라 하지 않는가. 이 풍성하고 좋은 계절에 그래도 좋은 책 한 권쯤은 읽는 것도 큰 의미가 있다. 보고 먹는 것만 풍성할 것이 아니라 속마음까지도 함께 풍성한 가을이면 더 좋을 것이다.

참으로 좋은 계절이다. 낮에는 가을걷이 한다거나 두루 발길을 옮기며 분주하더라도 가을밤에는 짬을 내어 책을 읽어 마음까지 넉넉하게 하면 더 좋은 계절로 기억될 수 있을 것이다. 책을 읽기에 좋은 가을이다.

깊어가는 가을밤 불 밝히고 한 권의 시집이든 수필집이든 소설이든 마음이 가는 대로 읽어볼 일이다. 또 하나 마음의 양식을 거둘 필요가 있다. 이래저래 가을은 더 분주하고 풍요로움으로 가득 차게 될 것이다.

- 2015. 10 17.

새해라는 의미 뜯어보기

이제 다시 2월이다. 1월 달력을 뜯어낸다. 벌써 한 해의 한 달이 훌쩍 지나갔다. 1/12이 간 셈이다. 여기서 새삼스럽게 새해라는 의미를 되짚어 본다. 곳곳에서 큰 소리는 아니라도 나름 엇박자가 있지 싶다.

연말이고 새해가 온다고 해돋이를 보러가고 보신각 제야의 종소리를 들으며 축제분위기에 젖어 새해를 맞았다. 그러나 그뿐인, 실제로는 별다른 감흥보다는 시큰둥했다. 또 다른 설날이 기다리고 있기 때문이다.

올해는 설날이 2월 8일이다. 대체공휴일까지 합쳐 5일간의 연휴로 한바탕 전국이 시끌벅적 교통지옥에서 헤매게 될 것이다. 많은 사람들이 기회를 놓치지 않고 해외를 오가며 인천공항까지 몸살을 앓을 것이다.

음력은 섣달말로 가까이 다가온 새해에 저마다 연분홍 꿈을 안고 있을 것이다. 간혹 이런저런 일로 걱정이 앞서기도 하겠지만 대부분은 흩어져 살던 가족들이 모처럼 한 자리 모여 끈끈한 가족애를 나눌 것이다.

그런데 2월 4일이 입춘(立春)이다. 음력은 아직 섣달로 새해가 오지도 않았는데 새봄이라 하니 어딘가 한구석 씁쓸함이 묻어나기도 한다. 다만 바깥 날씨에서 조심스레 따스한 기운을 느껴보며 추위를 털어낸다.

때로는 따스한 날씨에 땅속에서 겨울잠 자던 개구리가 일찌감치 눈을 뜨고 섣부른 판단으로 뛰쳐나왔다가 늦추위로 곤욕을 치루기도 한다. 하지만 고로쇠나무는 뿌리에서 줄기로 열심히 물을 실어 나르고 있다.

많은 가정이 자녀의 대학입학시험으로 조마조마하고 있다. 그런 와중에 2월은 졸업시즌으로 재학생은 학년말이다. 3월이 되어야 비로소 새 학년 새 학기로 한 학년씩을 올라간다. 사실상 한 해의 시작인 셈이다.

어디 그뿐인가. 나는 5월 10일에 출생을 하여 해마다 같은 날에 생일을 맞이하여 한 살을 보태게 되고 공적인 인정을 받는다. 그런 면에서는 나의 새해는 1월 1일보다는 5월 10일이라 하여야 하지 싶기도 하다.

이처럼 새해라는 의미는 어디에 그 기준을 두느냐에 따라 사뭇 다르게 여겨질 수도 있다. 그러나 이런 혼란을 피하려면 아무래도 한 해의 시작은 1월 1일임에 틀림없다. 어쨌든 큰 틀의 새해가 두 번일 수는 없다.

한 해를 살다 보면 크고 작은 일들이 새롭게 생겨난다. 그 '새' 자에 마음의 의미가 담기며 출렁거리는 기쁨으로 가볍게 때로는 뭔가 책임이나 의무감 같은, 좀은 무겁게 실리면서 상충된 입장이 담겨지기도 한다.

이런 일들이 비단 어제 오늘의 일이 아니므로 새삼스럽게 들추어보는 것 자체가 생활에 큰 보탬이 될 수는 없다. 하지만 부질없는 짓이지 싶으면서도 머리를 식혀가면서 뒤돌아보는 의미로 되새김질을 하여 보았다.

이처럼 새해의 의미를 뜯어보며 새로운 일에 새로운 출발점 새로운 출발선상에서 시작한다는 것은 한 편으로는 설렘일 수도 있다. 이번에는 잘할 수 있으며 좋은 일이 있으리라는 꿈을 보듬고 산뜻하게 떠나본다.

- 2016. 02. 01.

세월은 늙지 않는다

세월은 늙지 않는다. 오면 가고 가면 다시 오는 것이 세월이다. 우리는 그 한 지점을 지나고 있을 뿐으로 세월이 아닌 네가 늙고 내가 늙어 가는 것이다. 늙음을 자랑할 일은 아니지만 그렇다고 내내 서러워하거나 한숨만을 지을 일도 아니다. 삼라만상이 애당초 해야 할 일이 있고 가야 할 길이 있다면 그것으로 곱게 받아들이며 순응하면 될 일이지 싶다.

초등학교를 졸업하고 반세기를 훌쩍 넘어 한 갑자가 흘러간 셈이다. 그 친구들을 만났다. 10년이면 강산이 변한다고 한 때가 있었다. 홍안의 소년은 어디 있는지 아렴풋하다. 그 자녀도 이미 그 시기를 넘어 빠른 녀석은 그 손자손녀에게서 찾아보는 것이 더 낫지 않을까 싶다. 그 친구의 얼굴을 들여다본다. 아니 그 얼굴 어디쯤에서 나를 찾아보고 있다.

오늘 버드내 냇가에 섰다. 억세게 일어서 흔들리던 갈대의 불그레하던 대궁이 사위어가고 있다. 일부는 넘어졌다 앙상한 상체만 일으켜 세우고 매달려 있는 열매는 쭉정이로 초라하다. 곧 그루터기를 비집고 새싹이 올라올 것이다. 미련 없이 자리를 내어주어야 한다. 빈 대궁이 썩어 밑거름이 되기도 할 것이다. 그를 바탕으로 더 푸르게 자라날 것이다.

내가 못다 한 일을 아이들이 할 것이다. 그렇게 해줄 것을 은근히 기대한다. 연약한 어린 아이였지만 이제는 건장한 어른이다. 아이는 패기가 넘쳐 상승하고 나는 패기가 쇠하여 하강하는 곡선을 그리고 있다. 한 시대가 가고 다른 한 시대가 오고 있다. 그 사이에 또 다른 손자라는 한 세대가 끼어들어 함께하고 있다. 세대교체가 이루어지고 있는 것이다.

세월은 변함이 없다. 가면 오고 오면 다시 간다. 그 사이 살아 있는 네가 변하고 내가 변하는 것이다. 삶은 잔잔하게 출렁이는 물결과도 같았다가 이따금 거센 풍랑에 엄청난 홍역을 치루기도 하면서 태연하게 일어서서 자꾸 흘러가고 있다. 살아있는 목숨이기에 한계라는 것이 있다. 수없이 극복하려고 하지만 끝내는 넘지 못할 거대한 부딪침을 맞는다.

노송은 세찬 바람을 의연하게 빗질하며 푸름을 과시하고 냇물에 피라미가 물살을 가르며 상류를 타고 오른다. 오백년 느티나무 마을 수호수가 고목임에도 눈을 부릅뜨고 까슬까슬한 피부에 새싹을 틔우려 한다. 까치는 어디를 갔었는지 돌아와 겨우내 비웠던 빈 둥지를 둘러보며 보수를 할 것인지 새로 지어야 할 것인지 확인을 하며 요란법석을 떨어댄다.

세월은 빨리 가지도 늦장을 부리지도 않는다. 머물지 않고 제 길을 가듯 고집스레 갈 뿐이다. 세월은 병들지도 꾀를 부리지도 않고 늙지 않는다. 내 자신을 은연중 비춰보며 내 입맛에 따라 그렇게 느끼거나 그렇다고 여길 뿐이다. 누구에게나 가감 없이 주어지는 세월이건만 비춰진 모습에 받아들이는 처지가 사뭇 달라서 드러나는 세월만 탓하는 것이다.

세월은 유수와 같이 빠르다고 한다. 또 누군가는 너무 느려 지루하기 짝이 없다고 한다. 시간이 모이고 쌓이면 세월이 된다. 사실 시간만큼 공평한 것이 없다. 일 분 일 초도 변함이 없고 또 그렇게 사람마다 똑같이 주어진다. 다만 그 시간을 어떻게 쓰고 쓰이느냐의 차이이다. 똑같은 시간에 누구는 성공을 하고 누구는 실패를 했다고 한다. 그런 차이이다.

단지 낮이 길고 밤이 짧다거나 일기나 계절의 변화에서 혹은 각자의 기분이나 건강상태에 따라 다른 느낌일 수는 있다. 하지만 시간은 결코 늙지 않는다. 그렇다고 젊다는 것은 아니다. 사람이 늙어 갈 뿐이다. 또 그 과정에서 오는 심적 변화일 뿐이다. 그런데 시간이나 세월을 잡고 핑계를 댄다. 너무 바빠서 시간이 없어서 미처 생각지 못한 것뿐이란다.

변명 중 가장 유치한 것이 '시간이 없어서'라고 핑계 대는 것이라고 한다. 어찌 보면 참으로 비겁하고 한심한 일이다. 그냥 싫어서 혹은 능력이 없거나 부족해서 못했다고 하면 될 것을 굳이 그렇게 만만한지 시간을 걸고넘어진다. 그래야 다소라도 체면이 살고 위안이 되는 모양이다. 그러나 시간은 그런 말에 아랑곳없이 지금도 변함없이 흘러가고 있다.

- 2010. 03. 04.

마음은 멈추지 않는다

마음이 끊임없이 출렁거린다. 잔잔한 수면이다가 폭풍을 만난 듯 요동치기도 한다. 심지어 내 마음 내가 모른다고 한다. 살아있기에 자꾸 변화를 꾀한다. 마음(감정)을 잘 가다듬고 진정시키며 조정을 하여야 한다.

식성이 많이 변했다고 한다. 곧잘 먹던 음식인데 아예 입에도 안 댄다고 한다. 병이라도 났나보다고 한다. 아주 궁색할 때는 그렇게 맛있던 것이 윤택해지니 거칠거칠하여 못 먹겠다고 한다. 도루묵이라고 한다.

내성적이었는데 도발적이라고 한다. 전에는 안 그랬는데 마음이 변했다고 한다. 이상하다고 한다. 다혈질로 언제 어떻게 될지 알 수 없다고 한다. 한 길 물속은 알아도 한 길 사람 속(마음)은 알 수가 없다고 한다.

옷뿐 아니라 차도 집도 유행을 타고 마음도 유행을 탄다. 자꾸 차별화하는데서 새로운 꿈을 꾸며 변화되고 그런 모습에 빠져들어 일체감을 이루기도 한다. 우르르 마음이 모여 다니며 한 사람 스타를 만들어 낸다.

유행도 변한다. 멀쩡한 옷을 유행이 지나 창피스러워 안 입는다고 한다. 감각이 없다거나 떨어진다고 한다. 슬그머니 뒷전으로 밀어낸다. 그토록 좋아하던 사람이 어느 날 싫어진다. 자꾸만 잔소리하며 구박한다.

한 번 바꿔보자고 한다. 바꾸면 무엇이 달라지는지 몰라도 괜찮다. 다분히 맹목적이다. 헌 것에 짜증을 내며 새 것이어야 좋다고 한다. 권태기라고 한다. 자꾸 헛헛해지면서 마음 탓이라고 한다. 알 듯 하면서 모르겠다.

뒷전으로 미뤄놨다가 엉겁결에 꺼내 다시 손을 보니 새로운 작품이 되기도 한다. 부족했던 것이 비로소 완성된 것이다. 가뭄에 물을 만나듯 때를 만난 것이다. 약간 바뀐 마음에서 뜻밖에도 큰 변화가 온 것이다.

변덕, 변심, 배신이라고 한다. 조금씩은 닮은 구석이 있다. 봄이 오려면 날씨는 하루 아니 한나절이 달라진다. 기류의 흐름에서 생겨나는 차이라도 받아들이는 입장에서는 아주 예민해져 종종 신경질적이기도 하다.

마지막 자존심이라고 한다. 뭉쳤다가 헤어지고 머잖아서 다시 뭉친다. 같은 듯 다르고 또 같기 때문이다. 눈앞의 크고 작은 이해관계에 뒤섞이면서 남의 말에 곧잘 넘어가기도 한다. 오락가락 중심을 잡지 못한다.

한 번 칼을 뽑았으면 무라도 잘라야 한다고 한다. 칼로 물을 베고 촛불을 자른다. 베어진 물이나 잘라진 촛불이 달라진 것은 없다. 순간적으로 짜릿한 쾌감을 느꼈는지 몰라도 그 모습 그대로다. 마음을 다잡아 본다.

뭔가 풀릴 듯하지만 그리 쉽게 풀리지 않는다. 그래도 희망이 있는 한 행복하다고 한다. 그 행복을 저버릴 수가 없어 다시 도전을 하게 된다. 넘어지면 일어서기를 지칠 줄 모르고 반복하며 오뚝이가 되기도 한다.

어찌 보면 살아가는 모습들이 비슷하다. 한 해가 시작되면 그럴 듯 계획에 다짐을 하여도 연말이 되기도 전에 후회 아닌 후회를 반복한다. 아까운 시간만 축냈다고 하지만 그래도 진지한 삶을 살아가고 있는 것이다.

출렁거리는 마음이라고 늘 중심을 못 잡아 흔들리는 것은 아니다. 살아있기에 생동감으로 움직이는 것이다. 그냥 멈추면 삶 또한 없다. 잔잔한 흐름에서 내달릴 수 있는 원동력이다. 그래서 긴장하며 행복해진다.

- 2016. 02. 18.

편안한 구속 불편한 자유

산에 있던 억새가 냇가까지 내려왔다. 갈대밭에 억새가 자리다툼하면서 뿌리를 내렸다. 억새가 갈대보다 더 억센 모양새다. 갈대는 회색바탕에 어두운 빛으로 열매가 익어갈 무렵 수수모가지를 연상하게 한다. 억새는 꽃이 활짝 피면 흰 머리카락을 휘날리며 낭만적인 분위기를 연출한다. 버드내도 점점 억새가 영역을 넓혀가니 상대적으로 갈대는 위기감을 느낄 것이다.

냇가 축대의 돌 틈이나 포장된 바닥의 틈새에 잡풀이 뿌리를 내리고 살아가고 있다. 한여름에는 심한 갈증으로 비비 꼬인 듯싶더니 꽃도 피고 가을에는 씨앗을 앙증스럽게 매단 것이 여간 대견스럽지 않다. 열악한 환경에서도 굴하지 않고 꿋꿋이 살아가면서 어쩌면 그곳이 비옥한 텃밭보다도 더 안전하고 편안하였다는 눈빛을 내보이는 것 같아 왠지 씁쓸하기만 하다.

달동네 언덕을 올라가면 어떻게 저런 곳에서 사람이 살 수 있을까 싶은 환경인데 버젓이 살아가는 사람들이 있다. 울타리나 마당은 고사하고 방문을 열면 곧장 방안이고 나오면 길바닥이다. 더는 무엇을 감추고 꺼리며 눈치 볼 것이 있으랴 싶다. 하지만 그들에게는 더없이 편안한 보금자리요 무엇과도 바꿀 수 없는 삶의 터전이다. 아니 그만한 곳도 없어서 헤매고 있다.

그런가 하면 저택으로 높은 담장에 철조망을 두르고 비상벨과 영상감시시스템이나 무인감시기를 설치하고 험악하게 생긴 개까지 배치하는 등 겹겹으로 아주 철저하게 보안 조치를 하고도 초조해 한다. 그만큼 비밀이 많은 제한된 울타리 안에서 스스로 구속을 받고 있는 삶을 살아가고 있는 셈이다. 그래도 누가 얼씬거리나 불안감에 쫓기면서 쉽게 벗어나지 못하리라.

세상사 그 누구도 믿을 수 없다는 듯 색안경을 쓰고 보고 있다. 어디 하나 편한 곳이 없다. 속에 있는 마음을 풀어놓을 곳이 없다. 항상 견제와 감시의 눈초리를 굴려야 한다. 떳떳치 못한 검고도 음흉스런 마음은 늘 켕기는 구석이 많다. 그러다 보니 사회적 지탄과 밤손님이나 흉악스런 사람의 표적이 되기도 한다. 그래서 그렇게 감춰가면서 지키고 두려워하는 것일 게다.

천진스런 개가 목에 줄을 매고 있다. 그럴 듯 옷까지 입혀 아기보다도 더 다정하게 가슴에 품고 간다. 풀려난 개가 앞을 내달으며 자유를 만끽하지 싶은데 갑자기 멈춰 뒤를 돌아본다. 주인의 눈치를 살피며 되돌아온다. 한 쪽에서 다리를 번쩍 들고 볼 일을 본다. 뒷바라지를 하여야 할지 그냥 슬그머니 외면해야 할지 눈치를 보는 주인의 얼굴이 순간 고민에 빠졌다.

축대 밑에 고양이가 나타났다. 검은 고양이다. 늠름하니 표독스러운 눈빛이다. 섬뜩하도록 야성미가 돋보인다. 여기저기서 날쌔게 훔쳐 먹고 다녀 도둑고양이라고도 한다. 비록 정해진 안락한 집이나 제 시간에 정해진 먹이는 없어도 자유분방하다. 어디고 마음대로 돌아다니며 먹이를 구한다. 몸을 눕히는 곳이 곧 잠자리 집이다. 굳이 사람으로 치면 자유인인 셈이다.

잔디밭에 비둘기들이 떼를 지었다. 어렵게 먹이를 구하기보다는 쉽게 사람들이 던져주거나 흘린 부산물을 챙기다 보니 생활의 패턴이 바뀌어 사람들 주위를 돌며 간접 사육되고 있는 셈이다. 개들이 그렇다. 먹이나 잠자리 걱정은 덜었지만 활동에 제한을 받는 구속된 생활에 익숙해졌다. 주인의 눈치를 보는데 주저하지 않는다. 그것이 의무이고 그것이 당연한 권리다.

오늘도 살아야 한다는 명제 아래 쓰레기더미를 수없이 넘나드는 고양이가 날카로운 눈동자를 번뜩거린다. 반려로서 보호를 받으며 주인의 주변에서 벗어날까봐 행동반경에 제한을 받는 개와는 달리 먹이를 찾아 거칠게 헤매고 다니며 살아가는 고양이에게는 나름대로 누리는 자유가 있다. 구속받는 편안한 개가 좋을까, 아니 불편해도 자유롭게 넘나드는 고양이가 좋을까.

사람은 아무래도 개나 고양이와는 또 달라 단지 먹고 자는 것만으로 모든 것이 해결되지는 않는다. 보다 사람다운 대접을 받아가면서 인간으로서의 자유를 누리고 행복을 추구한다. 비록 다소 불편할지라도 구속 없는 자유가 그리운 것이다. 제몫의 개성을 지니면서 펼치고 싶은 것이 사람이다. 그래서 한 손에는 빵과 함께 끊임없이 자유와 행복을 위해서 투쟁하고 있다.

- 2016. 02. 20.

아이들이 달라졌다

아이가 이빨이 아프다고 한다. 너무 아파서 밤잠을 못 이루고 날이 밝으면 치과에 가자고 한다. 치과에 가면서 징징거리며 눈물을 감추지 못한다. 지레 겁을 잔뜩 먹은 것이다. 치과 의사가 그렇게 무서울 수가 없다.

예전에 할머니는 썩은 이빨에 실끈을 잡아매고 이마를 툭 치면 어리둥절 하는 사이 이빨이 쏙 빠졌다. 아픈 줄 모르고 빠진 이빨을 지붕에 내던지며 헌 이빨 줄 테니 새 이빨 달라고 천진스럽게 꿈을 담아 빌었다.

입을 벌리면 빠진 이빨 사이로 바람이 드나들 만큼 휑하였다. 아이들은 앞니 빠진 중강쇠라고 놀려댔다. 그래도 씩 웃으며 지내다 보면 새로운 이빨이 솟아올랐다. 이제 곧 놀림에서 벗어날 수 있다고 신바람이 났다.

삼삼오오 아이들이 모여 소꿉장난을 하였다. 신랑각시를 정하고 새살림 차릴 집이 필요하였다. 둥구나무 밑에 수북이 흙을 모아

집 짓는 놀이를 한다. "두껍아, 두껍아, 헌 집 줄게 새 집 다오." 아주 진지한 표정이었다.

흙 속에 손을 넣고 토닥거리다가 슬그머니 손을 잡아 뺐다. 몇 번의 시도 끝에 무너지지 않고 손을 넣었던 곳이 움푹 파이며 움집이 생겨났다. 토담집에 살던 때였으니 정말 천진난만한 모습이다. 동화 속의 이야기다.

시간 가는 줄을 모르며 어둑해져 어머니가 찾아야 비로소 아쉬움을 안고 헤어졌다. 저녁이면 밥숟가락 놓고 등잔불 밑에 고단해 콜콜 잠들었다. 그래도 다음날이 기다려졌고 행복했던 어린 시절이 추억으로 남았다.

그때 어머니는 잘 놀고 있음에 크게 문제 삼지 않았다. 오히려 흙과 함께 건강하게 자란다고 여겼다. 그런데 지금은 더러운 흙장난을 한다고 깜짝 놀란다. 얼씬 못하게 하고 태평하게 그런 놀이를 할 공간조차 없다.

이제는 출발부터 다르다. 그 시절을 떠올리며 필요성을 느껴도 선뜻 받아들이지 않는다. 지금이 어느 때인데 그런 놀이를 하느냐고 질책을 한다. 경쟁시대다. 경쟁은 어려서부터 이미 시작되었고 갈수록 극성이다.

아이들보다는 오히려 어머니들의 치열한 경쟁이다. 비록 자신은 못 했더라도 자식은 잘하여야 한다. 아니 내가 못했으니까 너라도 팍팍 밀어주면서 내 몫까지 자식을 통하여 찾아야겠다는 보상심리까지 거들고 나선다.

놀이부터 다르다. 스마트폰을 가지고 논다. 이리저리 뒤적거리며 게임까지 한다. 티브이를 보며 논다. 그 속에는 솔깃한 이야깃거리 어린이프로가 많다. 할머니의 어설픈 이야기보다 좋다. 컴퓨터에 악기까지 갖고 논다.

먹는 것도 다르다. 흙속에 노는 것이 아니라 먹을거리 속에서 혼자 논다. 예전에는 먹을 것이 없어 못 먹었지만 지금은 먹기 싫어서 안 먹는다. 과일은 따로 철이 없다. 아무 때나 좋은 과일을 골라 먹을 수가 있다.

갈 곳이 없었지만 지금은 주말이면 부모와 더불어 관심이 있는 곳이면 빼놓을 수 없다. 조금이라도 도움이 된다면 질세라 앞 다툰다. 더러는 국내는 너무 좁아 외국에 갔다 와야 한다고 할 정도로 의식이 바뀌었다.

핵가족 시대다. 아들이든 딸이든 하나뿐인 가정도 많다. 처음이고 마지막으로 옥이야 금이야 최선을 다하며 과잉보호가 심하다. 형제가 많을 때는 서로 다투며 아꼈고 나누며 배려를 하였다. 선의의 경쟁도 있었다.

그러나 혼자뿐이니 남을 모른다. 할머니 할아버지도 남이다. 나만 있고 내가 최고이어야 한다. 남이 잘하는 것은 눈꼴시어 참지를 못한다. 시샘만 늘어났다. 시샘으로 끝이 아니라 골탕을 먹이며 훼방도 주저앉는다.

홀로서기보다는 부모 눈치 보기가 먼저다. 눈앞에 당장 편안함을 추구하다 보니 쉽게 해결하려 한다. 기 싸움하듯 과시욕만 앞장서 춤춘다. 빈대떡보다 피자를, 수수팥떡보다 케이크를 찾는 시대로 아이들이 달라졌다.

- 2016. 03. 12.

묵사발 만들기

가을이다. 가을이면 산에만 단풍이 드는 것이 아니다. 아파트단지도 나무가 많고 시내 도로변이나 공원에도 나무가 많다. 가뭄이 심한 해에는 오히려 산보다 시내의 단풍이 더 풍성하니 보기 좋게 물들기도 한다.

추석을 지나면 결실의 계절을 알리듯 알밤이 툭툭 떨어진다. 길을 나선다. 산책하듯 뒷산에 오른다. 알밤도 줍지만 주위에는 큰 참나무가 아주 많다. 길바닥에 도토리(상수리)가 떨어져 있다. 한 알 두 알 줍는다.

괜히 눈치 보이지 싶지만 다람쥐나 청설모가 많지 않다. 도토리는 낙엽이 쌓여 자목으로 싹 트기가 쉽지 않고 산짐승의 먹이도 극소수일 뿐 대부분 그냥 나뒹굴다 나방이의 보금자리 역할을 하거나 썩어버린다.

주워온 도토리를 따스한 집안에 그냥 방치하면 애쓴 보람도 없이 낭패를 당한다. 찬물에 담가두거나 저온에 보관하여야 한다. 그렇지 않으면 며칠 지나지 않아서 토실토실한 애벌레가 떼거리로 몰려나와 다닌다.

말짱한 도토리 속에 어떻게 저런 애벌레가 들어있었는지 의구심이 들지만, 개화기에 나방이가 산란하여 열매 속에 잠복하였다가 적당한 온도와 수분의 조건이 갖춰지면서 자연 부화되어 속을 파먹다 나온 것이다.

한 개의 도토리에는 대개가 오직 하나의 애벌레가 들어있다. 그것은 도토리 하나는 한 마리의 애벌레가 먹을 만큼의 양밖에 아니 된다는 것으로 어떻게 그리 정확한 셈법으로 배정되었는지 신기할 따름이다.

풍부한 도토리알갱이를 실컷 파먹은 애벌레는 겉껍질을 뚫고 나와 고치를 짓고 번데기가 되었다가 나방이로 힘차게 날아오른다. 그런데 안타깝게도 봄날이 아닌 가을날에 서둘러 나왔다가 비운의 운명을 맞는다.

모아진 도토리는 집에서 빻기가 어려우므로 방앗간에서 껍질까지 빻는다. 불과 몇 분 사이에 가루가 되어서 나온다. 가루는 쌀부대 같은 거친 마대에 담아서 아침 무렵부터 저녁 무렵까지 큰 물그릇에 담가둔다.

가루가 퉁퉁 불어 있을 때 전분을 아낌없이 뽑아내야 한다. 그러려면 있는 힘을 다하여 가루가 들어 있는 부대를 이리 주물럭거리고 저리 주물럭거리면서 마구 치대어야 하는데 보통 힘이 드는 과정이 아니다.

처음 검붉은 윗물은 흘려버리고 나머지 물을 모아 하루 한나절

쯤은 가만히 놔둔다. 저희끼리 마음 정리에 질서를 잡고 속살은 밑에 가라앉아 쌓이면서 앙금이 되고 볼 일 없는 쭉정이 겉물은 위로 뜨게 된다.

조심스럽게 윗물을 쏟아낸다. 자칫 잘못하여 속이 뒤집히면 앙금까지 유실될 수 있어 조심해야 한다. 마지막 남은 앙금만 긁어모으면 된다. 이 앙금을 바싹 말려서 저장하든지 그냥 팩에 담아서 저장하면 된다.

저장했다가 필요할 때 꺼내어 조리를 하면 된다. 분말은 한 컵에 물 6컵 정도를 넣으면 되고 수분 상태로 저장한 것은 분말에 준하면 된다. 물을 섞은 액체를 냄비 같은 그릇에서 10여 분가량 팔팔 끓인다.

끓이면서 바닥에 눌어붙지 않도록 주걱으로 저어야 한다. 그렇지 않으면 심하게 타서 못 먹거나 분량이 현저하게 줄어든다. 수분이 잦아들면서 뽀글뽀글 기포가 생길 때 용기에 옮겨 담아서 식히면 굳는다.

비로소 도토리묵이 완성되었다. 먹기 좋게 썰어서 내놓으면 된다. 그냥 먹기에는 간이 되지 않아 싱거우므로 양념장을 잘 만들어야 한다. 대뜸 고소한 맛과 함께 보들보들 하면서도 쫀득쫀득하고 야들야들하다.

감칠맛이라고 하는데 이런 맛이 아닌가 싶다. 막걸리 한 사발을 곁들이면 금상첨화다. 그간의 노고가 확 풀어진다. 어디 하나 잡것이 들어가지 않은 순수 우리 것에 순자연산으로 이것이 바로 웰빙 식품이다.

어디 그뿐인가. 처음부터 끝까지 내 손길의 정성이 듬뿍 담겼으니 어찌 대견하지 않으랴. 단순하게 값으로 계산할 문제가 아니다. 가을날 산행과 함께 먹을거리를 직접 만들어 본 체험에 의미를 둘 수도 있다.

* 2015년 『수필예술』 36호 게재

제3부

지렁이가 죽었다

지렁이가 죽었다

후텁지근한 날씨에 비가 그치고 햇볕이 내리쬔다. 지렁이가 죽었다. 한 마리가 아닌 여러 마리가 사람이 오가는 길바닥에서 죽었다. 누군가가 지렁이를 유인하거나 납치해 이곳에 버리고 가혹행위를 한 것은 아니다.

인간이 농약을 뿌렸다거나 오가면서 발로 차거나 짓밟지도 않았다. 그렇다고 자동차가 치고 몰라라 뺑소니를 친 것도 아니다. 저희들끼리 따돌림이나 패싸움을 하거나 폭행한 것도 아니다. 그냥 수분이 마르며 죽었다.

흙속에서만 살던 지렁이에게는 아주 낯선 또 다른 세상이었을 것이다. 하지만 인간은 아주 무관심했다. 아니 마주치는 것조차 외관상 생김생김에 기분 나쁘다며 꺼려했다. 어쩌다 무심결에 뛰쳐나와 속수무책이었다.

지렁이가 밖으로 나와 땡볕을 만나는 것은 자살행위에 가깝다. 엉겁결에 뛰쳐나왔거나 작정하고 나왔거나 다시 흙속으로 돌아가

기란 그리 쉽지가 않다. 그냥 길바닥에서 죽는다. 곱게 죽는 것이 아니라 아주 참혹하다.

빗물에 축축하다가도 햇볕에 점점 수분이 증발하며 철판구이가 되어간다. 목이 타고 몸이 비비 꼬여도 비명 한 번 제대로 질러보지 못한다. 끝내 빼빼 마른 멸치 같다거나 공사판의 철사도막이나 구부러진 못과 같았다.

세상이 너무 밝아 눈이 부셨다. 어둠 속에서 지내다 눈은 뜰 수조차 없어 똑바로 바라보지도 성큼성큼 기어가거나 어디에 도움을 청할 수조차 없었다. 자신의 힘으로는 보금자리로 다시는 돌아갈 수가 없는 무리수였다.

그토록 바깥세상이 궁금했을까? 그것은 목숨을 담보할 만큼 크나큰 모험이었다. 그들은 어쩌면 아주 강한 진보성향을 가진 개척자였을까. 의문으로 남아도 굳이 그렇게까지 의미를 부여하며 치켜세울 것은 없지 싶다.

그 누구도 그들의 죽음에 이의를 달지 않았다. 아니 사실 대부분 관심조차 없었다. 현장을 마주쳤을 때 잠시 눈살을 찌푸렸을 뿐 아무 일 없었다. 심지어 밤낮 없이 먹잇감에 혈안이 된 개미에게도 호감을 주지 못했다.

지렁이는 개미에게는 너무 거대한 몸집에 죽으면 육질이 좋지 않은지 그리 반갑게 다가가지를 않으며 외면을 당했다. 죽어서까지 기꺼이 그 누군가에게 몸보시조차 못하는 거리 중천의 쓸쓸한 시신이 되고 말았다.

지렁이는 환형동물의 하나다. 몸은 가늘면서 긴 원통 모양으로 반지 같은 마디로 나누어져 있다. 앞쪽 끝에 머리가 있고 뒤쪽에는 환대(環帶)라는 조금 굵은 부분이 있다. 암수한몸으로 축축한 땅이나 물속에서 산다.

지렁이는 흙속에서 일생을 살기에 다른 것은 볼 수 없으나 빛과 진동에는 민감하다. 습기와 유기물이 충분한 토양에 서식하면서 주로 부패한 생물체를 자신의 무게만큼 흙, 모래, 작은 자갈까지 함께 섭취하고 배설한다.

지렁이는 토양의 표면 가까이 살면서 토양에 공기를 유통시키며 배수를 촉진하고 유기물질을 분해하여 영양이 풍부한 물질을 식물에게 제공함으로 성장에 도움을 준다. 지렁이는 새와 동물들의 먹잇감이 되기도 한다.

또한 지렁이는 낚시질하는데 귀중한 미끼로 사용된다. 비록 흙속에서만 살아도 토룡(土龍)이라고 불릴 만큼 그 몸값이 인정되어 대우를 받기도 한다. 영양식으로 쓰이는가 하면 우리 몸에 귀중한 약재로 쓰이기도 한다.

다만, 겉모습이 너무 볼썽사나운 몰골이다. 마치 칼로 난도질한 것 같기도 하고 심한 화상을 입어 흉측스럽게 뭉그러진 것 같아 보는 순간 뱀이라도 만난 듯 섬뜩해진다. 어느 구석 하나 호감을 가질 수 없는 동물이다.

하지만 한밤에 울음소리를 들어보았는가. 들릴 듯 말듯 아주 연약하여 귀를 집중하지 않으면 놓치기 쉽다. 어딘가 애절함 같은 것이 묻어나면서 마치 은밀스런 세레나데 같기도 하고 기구한 팔자타령으로 들리기도 한다.

유년시절 감자를 캐다가 큼직한 지렁이가 나오고 텃밭이나 뒤곁을 살짝 파도 지렁이가 나왔었다. 음습한 곳이나 수채에서도 나왔다. 농촌에서는 함께 살아가는 하나의 생명체 정도로 여기다가 농약에 급속히 사라졌다.

그런데 이웃한 흙속에 저런 지렁이가 살고 있었다는 것은 그 흙이 아직은 죽지 않은 생명력이 깃들여 있음을 확인시키는 좋은 증거자료가 되었다. 실제로 지렁이뿐 아니라 크고 작은 곤충이며 벌레가 날고 기어 다녔다.

잠시, 잘못 없는 지렁이가 길바닥에서 저렇게 죽어가고 있음에 씁쓸하면서도 뜬금없이 지난날이 스쳐갔다. 지렁이는 결코 인간에게 해롭게 하는 동물이 아니다. 오히려 생태계에 많은 도움이 되고 있음을 되새겨 보았다.

- 2014. 08. 30.

* 2015년『한국수필』 5월호 (243호) 게재

가지치기 대학살

새봄이 오고 있다. 봄이 되면 나무가 새싹이 돋고 꽃이 피며 열매가 맺는 것은 너무나 당연한 자연현상이다. 그런데 농가에서는 자연 그대로 두지를 않고 인위적인 힘을 가해 길들이기를 한다. 가위질, 가지치기를 한다.

내 고향은 아산의 외암민속마을 인근이다. 부모로부터 물려받은 논밭을 다수 지니고 있다. 하지만 농부가 아니다. 곁눈질로만 늘 지켜보았을 뿐이다. 그래도 반복되는 과정이기에 철 따라 농가에서 할 일을 대충은 안다.

동네 한가운데 빈 터에 나무 몇 그루를 심어놓았다. 나무는 돌아보거나 말거나 때를 놓치지 않고 본분을 다하려는 양 무럭무럭 자라났다. 매화나무가 멋대로 쭉쭉 자라났다. 오가는 사람 눈에 흉측하게 비쳐질 수도 있다.

고향을 찾은 계제에 모처럼 손질하기로 마음먹었다. 보잘것없는 일이라도 최소한의 장비는 있어야 한다. 크고 작은 전지가위,

톱, 낫, 사다리에 장갑까지 형님 댁에서 빌려 준비를 하였다. 우선 매화나무 가지치기를 한다.

꽃망울이 수도 없이 총총히 맺혔다. 가지치기하기에는 다소 시기적으로 늦었다. 그래도 하는 쪽이 낫겠지 하는 마음에서 손을 댔다. 전문적인 지식이 있는 것도 아니다. 그야말로 무차별적인 가지치기 살육이 시작되었다.

어느 것 하나 아깝지 않으랴만 아픔을 도려내듯이 잘라내야 한다. 어떤 특별한 기준이 있는 것도 아니다. 나의 단순한 상식에 의한 순간적인 마음의 결정보다도 더 앞질러 톱이나 가위가 먼저 나서서 싹둑 춤을 추었다.

그야말로 무소불위의 권력이 난무하였다. 너는 너무 가지가 혼자 뻗대어서 아니 되고, 너는 서로 중복되거나 엉키어서 아니 되고, 너는 가지가 위축되거나 한 쪽이 메말라서 아니 되고 이런저런 이유로 즉결 처분되었다.

불과 며칠만 견디면 긴 겨울을 벗어나 꽃을 한 번 멋지게 피워보겠다고 꽃망울이 부풀어 오르는데 망나니 같은 주인이 나타나 한 순간에 날벼락을 맞으며 물거품이 되는 순간이었다. 여기저기 원통함이 나동그라졌다.

허무가 난무하는 허탈하고도 비참한 현장이다. 그래도 누구 하나 감히 나의 멋대로 가위춤에 반항하지 못하니 더 의기양양해졌다. 오히려 납작 엎드려 숨을 죽여 가면서 불똥이라도 튈세라 부들부들 떨고 있을 터다.

다음은 꾸지뽕나무로 온통 관심이 쏠렸다. 나무가 어찌나 단단한지, 일반 뽕나무와는 사뭇 달라 박달나무 같았다. 여기에 가시는 아주 날카로워 아카시아, 선인장, 탱자나무 가시는 비교가 되지 않을 만큼 위협적이었다.

나뭇가지가 자꾸 아래로만 저변을 확대해 갔다. 너는 키를 좀 키워야 한다며 밑가지를 톱질하였다. 그리고 가지 끝 순을 잡았다. 또한 나무로서 늠름한 모습을 보이라고 줏대를 세우도록 가지를 쳐 진로를 잡아 주었다.

큰 감나무는 손을 대기가 그랬다. 감이 익을 무렵이면 그냥 나무 밑에서 감 떨어지기를 바라며 까치들의 발길을 잦게 했다. 호두나무는 청설모에 시달리는데 몇 그루뿐이니 다람쥐도 발품 팔기에는 내키지 않을 것이다.

뒤늦게 형님이 둘러보고 그런대로 잘 되었다고는 하지만, 오늘 나의 서투른 가위질 가지치기에 정말 억울하게 잘려나간 희생자가 수없이 많을 것이다. 또한 멀뚱멀뚱 살아남은 자도 있다. 내년에 다시 손 좀 봐야겠다.

저녁 늦게 대전 집에 돌아와 티브이를 틀었다. 때마침 국회의원 선거철이다. 정당마다 후보 공천으로 골머리를 앓고 있다. 심지어 어느 한 쪽이 보복성 공천대학살을 당했다고 아우성이다. 방송국 채널마다 시끌시끌하다.

오늘 하루 나무에게 미안한 느낌이 퍼뜩 들었다. 누굴 남겨놓고 누굴 잘라야 했는지 확신이 서질 않았다. 선거는 한 달 후면 그 결과가 나올 터이지만, 대봉포도보다 큰 매실은 석 달을 기다려야 수확을 할 것이다.

- 2016. 03. 15.

새벽 무지개

살랑살랑 실낱같은 바람을 타고 여기서 저기서 반딧불이가 밤하늘에 반짝거리며 날아다니면 도깨비불이라고도 했다. 감자밭에서 보았던 땅강아지도 날아들어 참견을 하기도 했다. 밤이 깊어가며 지렁이가 울었다.

끝을 모를 것 같은 더위 속에도 한낮이면 이따금 이글거리던 하늘에 갑자기 검은 구름이 몰려들며 번쩍번쩍 번개에 귀를 찢는 천둥소리로 죄인된 가슴은 겁을 잔뜩 먹고 더듬거릴 때 소낙비가 한바탕 쏟아졌다.

삽시간에 지열로 부글부글 끓어오르듯 물방울이 둥둥 떠다니고 검붉은 빗물이 콸콸 소리를 내지르며 우르르 몰려다녔다. 소나기는 3형제라고 했다. 비가 멎은 파란 하늘에 무지개가 떠올랐다. 한 폭의 그림이었다.

무지개 위로 흐릿한 또 하나의 무지개가 떠올라 쌍무지개라고 했다. 머지않은 곳에 세워진 아취를 잡아보겠다고 달려가면 저만큼 앞으로 달아나 빨주노초파남보 현란한 빛깔이 손을 흔들며 빙긋이 웃고 있었다.

잠잠하던 매미가 목이 터져라 고막을 찢을 듯이 마구 울어대고 잠자리는 어지럽도록 떼를 지어 하늘하늘 하늘을 날았다. 그런 날은 기분 좋게 더위를 잊을 수 있었는데 동화 속에 유년을 스쳐가는 추억이 되었다.

그런데 어느 해부터인가 여간해서는 아예 무지개를 볼 수 없게 되었다. 내륙에서는 제비를 만나기도 쉽지가 않다. 아마도 산업화 열풍의 영향이지 싶다. 대기가 너무 혼탁해 무지개 들어설 자리가 없어졌나 보다.

여름이면 가뭄에서 장마와 태풍이 단골로 등장하지만 아무래도 무더위가 이야기의 중심에 서게 된다. 연일 기록을 경신하려는 듯 폭염이니 가마솥더위니 찜통더위니 극성에 잠을 설치는 열대야로 시달려야 했다.

잠이 오지 않아 버드내 고수부지로 산책을 나섰다. 다섯 시가 가까워져도 바깥은 아직 컴컴하다. 하지와 추분 사이지만 이미 추분 쪽으로 기울면서 밤이 많이 길어졌다. 더위는 주춤 가을인가 싶도록 선들선들하다.

수침교를 돌아온다. 5시 50분쯤 뒤통수가 따끈한 느낌이다. 동쪽(계족산 방향) 하늘이 온통 붉게 물들고 해돋이로 몸살 앓고 있다. 일출은 새해 첫날이나 명소를 찾아 동동거리며 보는 양 평소에는 관심이 없었다.

그런데 대각선으로 서쪽(구봉산 방향) 하늘에 무지개가 선명한 아취를 그리고 있었다. 힐끔 햇살을 받은 새벽 무지개였다. 일출과 함께 떠오른 무지개는 처음 만나는 장관으로 넋 놓고 한참 바라다보고 또 보았다.

선선해진 말복날 새벽녘에 동쪽하늘에서는 해말간 햇살이 온 누리를 밝히고 서쪽하늘에서는 무지개가 산뜻하게 아취를 그리고 있다. 순간 마음도 가슴도 쿵쾅쿵쾅 대며 볼수록 아름다움에 환상 속으로 빠져들었다.

사람들은 땅바닥만 쳐다보고 오가기에 바쁘다. 찌든 삶에 미처 하늘은 쳐다볼 여유가 없어 습관적일 것이다. 그런데 무엇이 바빠서 쫓기듯이 이른 새벽 아침에 저렇게 아름다운 무지개를 살그머니 그려놓은 것일까.

10여 분을 바라다보며 걸었다. 무지개가 점점 자취를 감추고 사라진 자리에 구름이 모여들며 아무 일도 없었지 싶었다. 해는 성큼 올라오고 큼직한 둥근 불덩어리가 작아지며 눈이 부셔 똑바로 바라볼 수 없었다.

백로와 오리와 비둘기가 아침식사를 서두르고 개미가 바삐 오갔다. 성급히 꽃대를 세운 갈대는 무지개를 보았을 것이다. 새하얀 개망초꽃과 샛노란 달맞이꽃이 생글거렸다. 활짝 피어난 코스모스 단지는 한들거렸다.

간간이 귀뚜라미울음소리가 들리는 길을 걸었다. 풀숲 덤불에서 자그만 참새가 조잘거리며 포로록 포로록 나는 모습이 앙증스럽도록 귀여웠다. 정말 기분 좋은 새벽이다. 새벽 무지개가 한동안 가슴 설레게 하였다.

그동안 무지개에게 무슨 일이 있었을까. 어디서 머물고 얼마나 멀리 갔었기에 그처럼 보여주지 않았을까. 까마득히 잊고 있었는데 우리 곁을 아주 떠나간 것도 몰라라 외면한 것도 아님을 오늘 확인한 것 같았다.

그간 살아가기에 바쁜 척 무지개라는 말을 들어도 시큰둥했다. 그런데 마음이 벅차오르고 가슴이 벌름벌름 뛸 만큼 선명한 빛깔을 다시 보여주었다. 동심에 불을 지피며 유년의 선명한 무지개를 떠올리게 하였다.

- 2015. 08. 12.

* 2015년 『설화문학』 가을호 (47호) 게재

새대가리

머리통이 크면 그 녀석 장군감으로 제대로 한 몫을 하겠다고 한다. 우락부락한 짱구머리면 머리가 좋아 공부를 잘할 것이라고 에둘러 말하기도 한다. 머리통이 큰 만큼 많은 것이 들어있으리라는 선입감일 것이다.

행여나 아날로그시대에는 그럴 듯하게 들렸을지 모른다. 하지만 디지털시대다. 스마트폰 하나만 제대로 다뤄도 척척박사가 될 수 있게 되었다. 필요한 정보를 즉석에서 찾아 활용을 하고 응용할 수 있는 시대다.

그런데 갈수록 머리를 좋은 일에 좋게 쓰지 못하고 어정쩡한 사기꾼에서 큰 범죄까지 걷잡을 수 없이 늘어나 사회적으로 골머리를 앓고 있다. 굳이 어느 분야라고 말할 필요가 없이 만연되면서 불감증에 걸렸다.

팽배해진 이기심은 금전만능주의 앞에 범죄의 유혹을 뿌리치지 못하고 곳곳에서 교묘한 부정부패에 빠져들고 있다. 더 나아가 패

륜아로 부모를 저버리고 형제자매 간에 끔찍끔찍한 일로 얼굴 뜨겁게 하기도 한다.

'새대가리'란 말이 있다. 아주 우둔한 사람을 새의 머리에 빗대어 놀림조로 하는 말이다. 새의 작은 대가리(머리통)는 너무 단순하여 생각은 물론 들은 것이라고는 없으니 지혜롭지를 못하여 멍청하다는 이야기이다.

그런데 선불리 '새대가리'란 말이 민망스러워진다. 오히려 그 좋은 머리의 사람이 듣기조차 거북스러운 인면수심, 짐승만도 못하다는 말을 듣게 한다. 만물의 영장이라 자칭하는 사람이 어찌 한낱 짐승만도 못할까.

반포지효(反哺之孝)란 말이 있다. 까마귀가 온갖 모성으로 새끼들을 키운다. 새끼는 자라고 어미는 늙어 거동하기 힘겨울 때 먹이를 물어다가 어미에게 먹인다는 뜻으로 어버이의 은혜에 보답하는 효성을 말한다.

이런 까마귀를 우리는 괜히 미워한다. 온몸이 검은데다가 울음소리조차 음산하게 들려 시신을 파먹었다는 등 근거 없는 선입감에서 밀쳐내고 상대적으로 까치를 반겨주면서 까마귀는 멀리 깊은 산속으로 숨었다.

그런데 우리와 달리 일본에서는 길조로 우대를 받으며 공원 같은 곳에서도 쉽게 볼 수가 있다. 삼족오(三足烏)는 세 발 까마귀로 고대 동아시아지역에서 태양 속에 산다고 여겨졌던 전설의 새로 황제를 지칭한다.

조용한 산자락을 오르는데 갑자기 가까이서 새가 자지러지게 울부짖는다. 시선이 옮겨갈 수밖에 없다. 어디가 불편한 듯 어설프게 날며 옆쪽으로 유인을 한다. 둥지에 있는 새끼들을 보호하기 위한 연극인 것이다.

숲이 우거진 길을 기분 좋게 삼삼오오 두런두런 이야기를 나누며 오간다. 여름이 가고 가을에 낙엽이 지면 앙상한 가지가 드러난다. 그런데 손을 뻗으면 닿을 만한 곳에 자그만 새집이 있다. 그렇게 다녀도 몰랐다.

새는 오히려 사람이 많은 곳을 안전하게 여긴 것이다. 사람들의 이야기까지 엿듣고 일거수일투족을 꿰뚫어가며 새끼를 당당히 키워낸 것이다. 낡을 대로 낡은 빈 새집을 보며 등잔 밑이 어둡다는 말이 실감났다.

아파트단지 큰 나무 우듬지에 까치집이 있다. 새끼는 커서 날아가고 오랫동안 비워둔 집이다. 봄이 되니 까치 두 마리가 찾아왔다. 몇 번이고 돌아보며 깍깍거린다. 신축을 할까, 리모델링할까, 고민을 하나 보다.

결국 새살림을 차렸다. 집을 짓는 것보다 보수하여 사는 것이 더 효과적이라고 판단하였을 것이다. 까치집은 겉보기에 얼기설기 나뭇가지를 얽어놓은 것 같지만 아주 견고하며 빗물을 피해 달빛까지 들여 놓는다.

많은 새들이 집단생활을 하면서 새로운 먹이를 찾으면 혼자서 먹지 않는다. 일단 돌아가서 어떻게 설명하였는지 우르르 떼로 몰고 온다. 산밭 수수모가지가 맛있다고 재잘거리며 삽시간에 새들의 먹이가 되었다.

가을이면 들녘이 황금벌판으로 참새들이 모여들었다. 허수아비를 세웠지만 금세 가짜임을 알아차리고 오히려 머리에 올라가 장난질까지 한다. 공포의 소리를 빵빵 내는 포를 쏴 보지면 눈치가 빨라 큰 효과가 없다.

산밭 과수원에 그물망을 둘러쳐도 용하게 잘 익고 맛좋은 부분만을 콕콕 찍어 먹는다. 농심은 속수무책으로 애태운다. 전주에 까치가 집을 짓고 살면서 누전이 늘어나 한전에서는 뜯어내기에 골머리를 앓고 있다.

이처럼 '새대가리'라고 얕잡아볼 일이 아니다. 새들도 얼마나 영악스러운지 모른다. 너무 아는 것 많고 너무 세상을 쉽게 살아가려고 해서 오히려 잘난 체하는 사람이 '새대가리'만도 못한 때가 많아 경종을 울린다.

- 2015. 08. 19.

버드내 능수버들

때로는 약해보이는 것이 강하다. 바꾸어 말하면 강해보이는 것이 약하다. 만물의 영장인 인간은 우월한 위치에서 지구를 지배한다. 맹수도 사람을 두려워한다. 큰 재난을 겪고도 금세 일어서 아무렇지 않게 살아간다.

하지만 존재가치조차 없는 가장 하등동물이나 병충에는 취약점이 노출되면서 전전긍긍한다. 새로운 약품을 발명하면 이에 질세라 새롭게 변종된 세균이 생겨나면서 끊임없는 경쟁관계에서 시달림을 받고 있다.

능수버들의 가지는 꼿꼿하게 위쪽으로 뻗지를 못하고 항상 축 늘어져 흐느적거린다. 따라서 가지는 위를 보는 것이 아니라 아래만 보며 몸통도 반듯하지 못하고 비실비실 굽어 쓸 데가 적으니 관심을 끌지 못한다.

바람이 세차게 불면 강해보였던 나무는 가지가 찢어지고 부러지거나 넘어진다. 하지만 유들유들한 능수버들 가지는 요리조리 휘

감기면서 밀쳐도 쉽게 넘어지지 않고 오히려 바람이 미끄럼 타며 희롱당하고 있지 싶다.

강한 것과 강한 것이 정면으로 부딪치면 사단이 난다. 하지만 부드러운 능수버들 가지는 완충작용을 하듯 대결하지 않고 교묘히 비껴나감으로 무사하게 남아서 강한 면모를 보여주고 있는 것 같이 비쳐지기도 한다.

험난한 세상에서 살아남을 수 있는 능수버들의 지혜로움이다. 지는 것이 이기는 것이란 말이 있다. 일방적인 싸움은 없다. 손바닥도 맞부딪쳐야 소리가 난다. 아무리 달려들어도 한 쪽이 피하면 싸움이 될 수가 없다.

능수버들은 가을에 다른 나무들이 서둘러 낙엽이 지고 월동준비로 앙상해져도 초겨울까지 시퍼런 잎이 그대로 남아있을 만큼 강단이 있다. 또한 봄에는 가장 빠르게 물이 올라 노릇노릇하다 푸릇푸릇 잎을 피운다.

이처럼 늦게 잎이 지고 제일 먼저 잎이 필 만큼 추위에 강하며 아스피린 성분을 지니고 있다. 아스피린은 20세기 초에는 의료계에 만병통치 약품으로 혁명적 바람을 일으켰으며 지금껏 중요한 자리매김을 하고 있다.

능수버들은 일명 수양버들이라고도 한다. 중국 항주의 서호에 간 적이 있다. 서호는 중국 3대 미인으로 불리는 「서시」가 즐겨 찾던 인공 호수이다. 그 호수 주변에 버드나무가 심겨 있는데 가지가 간들간들 늘어졌다.

여인의 초록빛 긴 머리카락 같아 보였다. 호수와 나무와 달이 같이 어울리면서 바람까지 가세하면 그 풍광은 참으로 환상적이었을 것이다. 주홍에 불그스름 익은 얼굴로 농염한 여인과 함께 넌지시 호수를 바라본다.

능수버들 가지가 호수에 그림자를 만들어 서로 포옹하고 교태를 부리며 온갖 몸짓에 은밀히 대화를 나누는 양 보인다. 남녀의 농익은 몸짓으로 비쳐지기도 하였을 터다. 그 무르익어가는 분위기에 무슨 말이 필요하랴.

그런데 수나라의 양제도 그 서호를 찾아 그런 호사를 누렸던가. 그 아른아른한 분위기에서 깨어나지 못하고 유난히 아끼며 좋아했던 나무가 그 버드나무였으니 후세 사람들이 아예 수양버들이라고 불렀다고 한다.

냇가에 버들개지가 눈망울이 통통 불어 부라리고 있다. 새봄이 오고 있음을 알리는 전령 중에 하나다. 푸릇푸릇 새싹이 돋을 무렵 버들가지를 비틀어 호드기를 만들어 불며 신나게 뜀박질하던 기억이 새록새록 난다.

버드나무는 그 어느 수종보다 비위장이 좋은지 아무데서나 비교적 잘 적응을 한다. 봄날에 가지를 꺾어서 꽂아도 쉽게 뿌리를 내리고 쑥쑥 자란다. 불과 몇 년이면 어깨가 떡 벌어진 그늘을 만들만큼 속성으로 자란다.

대전의 3대 하천 중에 하나인 유등천을 버드내라고도 부른다. 그 이름에 걸맞게 다시 되살려 내려는 듯이 여기저기서 버드나무 씨앗이 날아들어 싹 트고 뿌리를 내리며 곳곳에 자생을 하여 숲을 만들어가고 있다.

- 2016. 03. 04.

개 같은 날(Dog days)

아무렇지 않게 그냥 복(伏)날이라고 한다. 한 해의 더위가 절정을 이루는 삼복(三伏)이 한 달 동안으로 초복은 하지로부터 세 번째 경일(庚日), 중복은 하지로부터 네 번째 경일, 말복은 입추로부터 첫 번째 경일이다.

서양의 복날(dog days)은 사랑스런 강아지가 등장하는데 한국에서는 개를 잡아먹는 풍습이 전해오며 보신탕, 사철탕, 영양탕, 개장국 등으로 다양하게 불리고 있다. 북한에서는 단고기라 하여 큰 인기가 있다고 한다.

동의보감에 '개고기는 오장(五臟)을 편안하게 하고 혈맥을 조절하여 장과 위를 튼튼하게 하며 기력을 증진시켜 양기를 도와서 양물(陽物)을 강하게 한다.'고 기술하여 허한 기를 보충해 주는 보약으로 전해지고 있다.

복(伏)자는 사람 옆에 개가 있는 형상이다. 삼복에 개고기를 먹는 풍습은 오래 전부터 시작된 것으로 보인다. 개는 땀구멍이 없어

혀로 체온조절을 한다. 앞발로 턱을 괴듯 모으고 혀를 할딱거리는 모습을 보게 된다.

김해의 회현동 조개무지 등에서 신석기시대의 유물로 개의 뼈가 널리 출토되고 있다. 이 시기에 이미 개가 가축으로 길들여진 것으로 추정된다. 사람이 개를 잡아먹은 역사는 그만큼 오래되었을 것으로 추측된다.

고구려 고분(4세기경)의 벽화 중에는 개를 잡는 장면이 등장한다. 우리 민족이 개고기를 식용으로 이용하였음을 입증하는 최초의 근거라고 할 수가 있다. 고려시대에 와서는 구워서 먹는 풍습이 유행하였다고 한다.

개고기를 식용으로 하는 나라는 우리나라를 비롯해 중국, 폴리네시아의 타히티인과 하와이인, 뉴질랜드 마오리족, 인도네시아의 바타크족, 필리핀, 북미 인디언에게서도 발견될 만큼 세계적으로 널리 퍼진 음식이다.

전라도나 충청도 일부에서는 초상이 나면 개부터 잡았다. 멀리서 자신을 위해 마지막으로 찾아온 귀한 손님을 잘 대접해야 홀가분하게 이승을 떠날 수 있다는 것이다. 그만큼 대중적이면서도 귀한 음식으로 여겼다.

어쩌다 기분이 아주 고약하면 개 같은 날이라고 한다. 실의에 빠져서 자포자기 신세타령이다. 하필이면 개를 물고 늘어지는 걸까. 개의 똥이라면 더 말할 나위가 없다. 그런데 개똥밭에서 굴러도 이생이 좋다고 한다.

개를 비하하며 빗대어 자조하면서도 죽기는 싫은 것이다. 참으로 되는 일이 없는 아주 재수 없는 날이다. 어디에 하소연도 할 수 없어 허공에 대고 넋두리를 늘어놓다가 있으나마나한 별 볼 일이 없는 개털이란다.

개 같은 연놈이라고 한다. 근친도 없고 그냥 닥치는 대로 정조라고는 아예 없다. 헛간이며 마루 밑이나 나뭇간 같은 허름한 곳에서 많게는 열 마리씩 태어난 개새끼다. 틀린 말은 아니지만 그냥 고운 말로 강아지다.

아주 조용한 마을에 이사 와서 어쩌고저쩌고 풍파를 일으킨다. 근본도 없는 것이 어디서 굴러온 개뼈다귀냐고 한다. 굴러온 돌이 박힌 돌을 뽑아내려고 한다. 참으로 황당하기 그지없다. 욕설까지 실컷 얻어먹는다.

개 같은 날씨라고 한다. 더위를 견디니 태풍이 몰아친다. 농작물을 마구 짓이겨 놓는다. 농심이 허물어진다. 개 같은 경우가 있느냐고 한다. 여북하면 너무 얕잡아보며 개의 뭐만치도 여기지 않는다고 불만투성이다.

이런 개 같은 경우가 있느냐고 분통을 터트린다. 개 짖는 소리, 개뼈다귀 같은 소리로 말 같지 않은 말이란다. 아무런 가치도 없는 말이란다. 개를 놓고 이러쿵저러쿵 참으로 말도 많다. 개만도 못한 망나니라 한다.

그런데 한 편에서는 개 팔자가 상팔자라고 한다. 반려동물로 끔찍이 아끼고 사랑을 받는다. 오히려 늙은 부모보다도 극진하게 대접을 받는다. 개만도 못한 팔자라고 한다. 개도 개 나름이라면 사람도 사람 나름이다.

애지중지하던 반려동물이 죽어 버려졌다. 그간의 애틋한 정에 무덤이라도 만들어 주었어야 하지 않았을까? 부모보다 더 끔찍했는데 이기적이라고 해야 할까. 아니, 철저히 계산된 일방적인 노리갯감이었던 것일까?

전라도 임실지방에 '오수의 개'는 불이 난 것도 모르고 술에 곤드레만드레 취해 잠든 주인을 구했다. 자신을 구하기 위해 목숨을 바쳤음을 알고 몹시 슬퍼하며 개의 시체를 묻어주고 표시로 지팡이를 꽂았다고 한다.

이 지팡이에서 새싹이 돋아나고 큰 나무가 되었다. 훗날에 개 오(獒)와 나무 수(樹)를 합하여 오수(獒樹)라고 불렀다. 그 아름다운 이야기는 후세까지 기리게 되었다. 아주 특별한 경우로 응분의 대접을 해준 것이다.

농촌에서는 한 때 집집마다 한두 마리씩은 개를 키웠다. 어렵던 시절이다. 아기가 뜨락에서 똥을 누우면 입맛을 쩝쩝 다시며 눈치를 보던 개가 얼른 달려들어 냉큼 주워 먹었다. 그렇게 커서 똥개라고 하였지 싶다.

아무나 보고 마구 짖었다. 동네에 낯선 사람이 나타나면 먼저 본 개가 신호라도 하듯 선창에 온 동네의 개가 기다렸다는 듯 뒤따라 짖어 한바탕 야단법석을 떨었다. 그 낯선 손님은 그만큼 긴장할 수밖에 없었다.

개들은 마치 일거수일투족을 감시하듯 동구 밖으로 사라질 때까지 따라다니며 끊임없이 짖어댔다. 개들은 그것으로 그날 밥값은 톡톡히 했다고 의기양양하게 꼬리를 살랑살랑 흔들다가 한 귀퉁이서 낮잠을 즐겼다.

복날을 전후해 많은 개들이 도살된다. 어쨌거나 여름은 개들에게는 수난의 계절이다. 개의 목을 매달아 놓고 몽둥이로 마구 두들겨 패야 고기 맛이 좋다고 한다. 누구는 개 패듯이 맞아야 겨우 말을 듣는다고 한다.

나라마다 고유의 풍습이 있고 먹을거리에도 정서가 있다. 개도 단순한 식용용 개와 애완용 반려 개로 구분해 접근을 해야 될 것이다. 그냥 두루뭉술하게 아우르다가 서로 의견 충돌이 생겨나고 있는 것이다.

개는 아무래도 여름이 제일 두렵다. 날마다 모가지가 간질간질하다. 눈치만 슬금슬금 본다. 가을로 접어들면서 한숨을 돌리는 듯 개의 표정이 밝아졌다. 이제는 저승의 문턱에서 한 발 벗어났음을 알고 있나 보다.

- 2015. 08. 20.

향기를 품은 옹이

이야기를 듣다보면 정말 기막힌 일들이 많다. 때로는 흥미를 당길 만큼생생하여 어찌 그런 일이 있었을까 싶다. 간혹 남의 집안을 살짝 들여다보면 드러내지 않았을 뿐 어렵고 힘든 일들이 많았음을 알 수 있다.

이 세상 나만 어렵고 힘들게 살아온 것이 아니었다. 그랬구나 싶다. 그 어려움을 딛고 오늘에 이른 것이다. 바로 나와 이웃의 이야기로 다시 살아가야 할 이야기다. 다시 한 번 되새김질에 자신을 돌아보게도 한다.

어찌 험난한 세상에 곱게만 자랄 수 있었으랴. 때로는 젊어서 고생은 사서도 한다는 말처럼 삶에 보탬이 되기도 한다. 그만큼 아는 것이 힘이라고 하듯이 그만큼 체험이 세상을 헤쳐 나가는 경험이 되는 것이다.

주위에 흔한 소나무를 보아도 쭉쭉 뻗은 나무가 어디 흔하던가. 많은 가지에 상처투성이 옹이가 박혀있다. 어떤 나무는 바위 틈새에 몸통까지 비비 꼬인 것이 그리 쉽게 살아오지만은 않았음을 금세 엿볼 수 있다.

웬일인지, 밋밋하게 자란 소나무보다 오히려 그런 모습들이 더 돋보이며 아름답게 들어온다. 하지만 소나무는 어떤 경우라도 내색을 하지 않는다. 다만 있는 힘을 다하여 오로지 사시사철 푸르름을 드러낼 뿐이다.

소나무의 바늘 같은 이파리 사이로 바람을 흘려보내고 햇살을 받으며 밤이면 달빛을 빗질도 한다. 그것이 몸에 밴 생활이고 자연스러움이 되었다. 그래도 외로움을 내색하며 하소연보다 푸르름을 간직하려 한다.

교교한 달빛과 소나무가 어울려 살며시 향기까지 풀어놓으면 어딘가 낭만적이지 싶다. 한낮에도 바닥에 살짝 깔린 금빛 솔잎을 사뿐사뿐 밟으며 걷노라면 푹신한 쿠션은 옹이에 박힌 고충을 잊고 감미롭지 않던가.

냇가에 갈대나 산자락의 억새는 마디를 지녔다. 고고한 대나무도 마디를 갖고 있다. 도막도막 옹이 같은 마디가 있다고 누가 뭐라든가. 오히려 바람에 견디며 자신을 건사하고 치장하는 모습들이 당차게 들어온다.

풀줄기도 마디가 있다. 때로는 그 아픔이 자랑일 수도 있다. 어찌 아픔 없이 일어설 수 있었으랴. 어찌 험한 세상을 이겨냈으랴. 과잉보호로 곱게만 자라거나 그늘에서 웃자라면 나약해져 안타깝게 보이기도 한다.

물론 아픔 그 자체가 자랑일 수는 없다. 어떻게 이겨내며 딛고 일어서 바르게 자라났느냐에 있다. 거기에 경외감과 자랑스러움이 돋보이는 것이다. 소나무는 아팠던 만큼 꽃무늬 옹이를 만들고 향기를 품고 있다.

자연이나 사람이 살아가며 어디 상처 입은 일이 한두 번이겠는가. 그 상처가 때로는 체험이란 좋은 약이 되고 그를 바탕으로 고운 무늬에 향기를 품은 옹이가 될 수도 있다. 그만큼 또 다른 피눈물을 쏟아야 한다.

그냥 푹 썩어 문드러져 아예 볼품이 없는 옹이가 있는가 하면 기름기가 잘잘 흐르는 옹골찬 관솔로 향기를 품고 고운 무늬까지 지닌 옹이가 있다. 나무뿐만 아니라 사람도 마찬가지다. 아픔으로 끝나는 것이 아니다.

선입감에 옹이라고 추한 몰골이라든가 아픔의 상처나 죽은 세포로 단정하여 얕잡아보거나 비하할 일이 아니다. 오히려 멋진 모습으로 승화되어 향기와 무늬를 지닌 옹이로 거듭날 수 있었음에 주목할 필요가 있다.

- 2016. 02. 19.

추억 속의 메뚜기

가을 들녘에 콤바인소리가 울려 퍼진다. 벼를 거둘 때면 풍년가 소리와 함께 안팎으로 법석을 떨었다. 분주하게 새참과 점심을 날라야 했다. 그러나 요즘은 수확을 해도 기계소리만 들릴 뿐 사람 찾아보기가 쉽지 않다.

부지런히 콤바인만 오가면 된다. 벼를 베고 동시에 탈곡까지 한다. 농촌은 고령화로 가뜩이나 일손이 부족하다. 베는 것 따로 터는 것 따로 하던 것을 콤바인이라는 농기계가 한꺼번에 해결하면서 일손을 메워주고 있다.

들녘이 노릇노릇 벼가 익어갈 무렵이면 메뚜기를 잡으러 다녔다. 빳빳한 풀줄기에 등짝을 꿰어 다니기도 하고 주전자나 빈병에 잡아넣었다. 그러나 따뜻한 한낮에는 제법 잽싸게 날아다녀서 잡기가 그리 쉽지 않았다.

잡는데 가장 좋은 때는 볏단을 말리려고 논두렁에 세워놓으면 이슬이 흥건하게 내리거나 서리가 하얗게 내린 날 햇살이 퍼지기

전인 아침나절이다. 날개가 마를 때까지 볏단에 붙어있는 메뚜기를 주워 담으면 되었다.

메뚜기에게도 수난의 시절이 닥쳤다. 농약을 마구 뿌려대면서 설 자리가 없어졌다. 생존은 물론 종족보존에까지 위협을 받으면서 사라졌다. 최근에 농약을 추방하자는 친환경의 유기농 깃발에 힘입어 다시 등장하였다.

고향에 들렀다가 메뚜기를 잡았다. 볏논에서 잡기 어려워 논두렁이나 밭가를 어슬렁거리고 다니면 죽음의 그림자가 가까이 오고 있음을 느꼈는지 한꺼번에 이리 튀고 저리 튀면서 혼란스럽게 하였으나 곧 익숙해졌다.

불현듯 유년이 떠올랐다. 그런 마음에서 메뚜기를 잡고 있었는지도 모른다. 어떤 녀석은 두 마리가 한꺼번에 잡혔다. 큰 녀석이 작은 녀석을 업고 있다. 짝짓기로 은밀한 곳에 알을 낳고 장렬한 최후를 맞을 것이다.

한 마리의 사자가 되어 만만한 누를 공격하듯 집중적으로 달려들어 잽싸게 덮쳤다. 네가 감히 어찌 나의 손길에서 쉽게 빠져 나갈 수 있으랴. 그렇게 쫓고 쫓다보면 시간은 훌쩍 흘러가고 포획된 메뚜기는 늘어났다.

이제 어떻게 조리를 할 것인가만 남았다. 같은 재료라도 그 조리 솜씨에 따라서 맛이 전혀 달라진다. 메뚜기를 불판에 달달 볶았다. 빨갛게 익어가면서 고소한 냄새가 풍겨났다. 날갯죽지가 타고 바삭바삭해야 제 맛이다.

하지만 어릴 때 먹었던 그 맛은 아니다. 메뚜기의 품질이 변한 것인지, 내 입맛이 변한 것인지, 고개가 갸우뚱해졌다. 유년에는 좋은 간식거리였는데 젊을 때 술집에 가니 땅콩과 함께 고급스러운 맥주안주로 나왔었다.

지난여름에는 전라도지방에서 붉은 메뚜기가 집단으로 나타나 소동을 벌였다. 농민들은 아우성쳤다. 뒤늦게 식용으로는 쓸 수 없는 변형된 풀무치로 밝혀졌다. 지금은 대부분 수입 메뚜기이거나 양식을 한다고 들었다.

논두렁밭두렁에서 날 잡아봐 하며 폴짝폴짝 뛰는 메뚜기와 함께 유년을 돌아보았다. 이제 바삭바삭 메뚜기를 안주 삼아 아른아른 그때 그 추억을 더듬거리고 있다. 가을날 단풍놀이도 좋지만 농촌의 하루도 괜찮았다.

- 2014. 10. 27.

재래시장의 봄

아무래도 생활 속에 봄이 가장 먼저 찾아오는 곳은 시장이지 싶다. 그 중에도 먹을거리 식단을 해결해주는 재래시장이다. 계절이 바뀜에 아주 민감하다. 봄의 미각을 알리는 채소와 나물이 풍성하게 쌓여 인기다.

봄동은 배추김치를 대신할 겉절이로 일품이다. 배추모양의 푸성귀로 털털한 모습이지만 그냥 지나칠 수 없는 이른 봄날 인기 짱 채소가 되었다. 여기에 냉이와 달래 그리고 씀바귀도 결코 놓칠 수 없는 나물이다.

예전 같으면 봄이 오는 길목에 차가운 바람을 맞으며 질척한 땅을 딛고 햇살이 쏟아지는 양지의 비탈이나 묵은 들밭에서 나물을 캐는 여인네들을 종종 볼 수 있었으나 이제 그마저 기억 속 풍경이 되고 말았다.

달래를 송송 썰어 넣은 간장으로 밥을 쓱쓱 비비면 어쩜 그리도 꿀맛이었는지. 또한 냉이를 넣어 끓인 된장찌개에서는 봄이 퐁퐁

용솟음쳐 나오는 것 같았고, 씁쓰름한 씀바귀 무침에 냉이국은 뱃속이 훈훈하였었다.

그렇게 저녁밥상에서부터 밥맛을 돋워 생기가 돌며 봄기운이 감돌기 시작했다. 그러나 지금은 그런 맛을 좀처럼 느낄 수는 없지만 그래도 은근히 봄이 올 무렵이면 기다려지는 것이다. 그래서 시장을 기웃거린다.

하기야 요즈음 누가 한가하게 직접 들녘을 다니며 나물을 캐고 있으랴. 안 먹으면 안 먹었지 그렇게 하려고 하지 않는다. 그 곱게 가꾼 손에 흙을 묻혀가며 얼굴까지 그슬리는 초라함은 쪽 팔려서도 못 한다는 것이다.

이런 심리를 잘 파고들어 농가에서는 비닐하우스에서 대량으로 재배를 하고 있다. 출하시기도 마음대로 조절을 하여 들에 산에 눈이 하얗게 쌓였어도 입맛에 맞게 먼저 와 기다리고 있어 언제든 선택만 하면 된다.

농가는 생산비 등 경제성을 감안하여 집단으로 영농조합을 결성하고 재배기술을 공유하여 생산에만 전념하면 된다. 생산품은 단위농협, 공판장에 내놓거나 직거래장터에서 자연스럽게 판로가 형성되기도 한다.

지금은 계절 과일이나 채소나 나물로 굳이 구분할 필요가 없을 만큼 재배기술이 발달하였다. 영양가가 높고 맛이 좋아서 찾는 이가 많으면 그 품종을 집중 개발하여 언제든지 필요한 시기에 맞춰 상품화하고 있다.

조금만 신경 쓰면 입맛에 맞게 식탁에 올릴 수 있으니 식욕을 채우는 호사를 누릴 수가 있다. 물론 생산자는 어려움이 있겠지만 고소득을 올리며 보람을 챙긴다. 따라서 생산자와 소비자가 더불어 행복을 누린다.

멀리 봄놀이를 떠나기가 뭐하거든 가까운 재래시장으로 나서 볼 일이다. 즐비한 화분에 예쁜 꽃이 피며 감나무, 대추나무, 매실나무 같은 묘목들도 있고 목련나무, 석류나무, 넝쿨장미에 이따금 벌나비도 날아든다.

모처럼 시끌벅적 사람 사는 맛이 난다. 출출하거든 수더분하게 순댓집 목로에 앉아 따끈한 국밥도 괜찮고 돼지머리 안주 한 접시에 막걸리를 따라 벌컥벌컥 술만 말고 봄도 함께 마셔가며 하루를 취하여도 좋다.

- 2016. 03. 03.

늙은 나무의 꽃

늙은 나무에서 꽃이 피었다. 행여 늙은 나무에 핀 꽃이라고 꽃마저 늙었던가. 오히려 늙은 나무가 어렵사리 피워낸 꽃을 보면서 그 생명력에 경외감이 담겨졌다. 눈물겨운 아름다움에 가슴이 뭉클하도록 다가섰다.

사람은 늙으면 볼썽사납거나 갈수록 추해진다고 한다. 그러나 자연은 어디 그렇던가. 그저 세월의 나이일 뿐이다. 그래서 더 신선하고 정감이 묻어난다. 세월의 연륜 속에 느긋하면서 더 애틋한 삶을 엿보는 듯싶다.

여름날 땡볕에 온몸에서 기름기가 잘잘 넘쳐흐르는 애호박의 풋풋함도 괜찮았지만 서늘해진 바람을 안고 가을로 접어들며 담장에 누렇게 앉아있는 늙은 호박에서 늠름하면서도 푸근한 맛을 느껴볼 수 있었다.

늙은 나무는 속이 썩고 문드러져 텅 비우고도 아무렇지 않은 듯 태연하게 이파리가 돋고 곱상한 꽃이 피어 풋풋한 생동감이 번져났다. 패기가 뭉클할 만큼 돋보였다. 그렇다고 무슨 특혜라도 받은 것은 아닐 터다.

봄이라고 다 꽃이 피는 것이 아니다. 금년 햇가지에서 꽃이 피는 나무가 있고, 작년에 뻗은 가지에서, 또 재작년에 뻗은 가지에서 꽃이 피는 나무가 있다. 묵묵히 꽃자리를 만들며 그만큼 기다림의 시간을 갖는다.

생존 앞에 늙었다고 늙은 생각만을 하지는 않을 거다. 젊은 나무보다 원숙함은 물론 고뇌가 적당히 풀어진 그 속에는 일생을 거친 숱한 노하우가 들어 있겠지. 단순하지 싶어도 복잡하고 복잡하면서 단순하다.

동학사 가는 길가에 벚나무가 늘어서 있다. 마치 봄 한 철을 위해 일 년을 준비하고 있지 싶다. 늙은 나무의 둥치는 평상시에는 정말 볼썽사나워 보인다. 하지만 꽃이 피기 시작하면 그런 마음은 오간데 없어진다.

오로지 꽃만 눈에 쏙 들어온다. 풍성하니 우아하다. 젊은 나무는 젊은 나무대로 앙증스러운 맛이 있다면 늙은 나무는 늙은 나무대로 중후함이 느껴진다. 늙은 나무의 꽃이라고 차별을 받을 하등의 이유가 없다.

다만 꽃은 그 자체로 아름답기에 그냥 꽃으로 즐겁게 보면 된다. 당찮은 선입감에 청문회라도 하듯 꼿꼿이 세워놓고 꼬치꼬치 묻고 따질 일이 아니다. 개화 시기나 제대로 맞추면 보다 좋은 모습을 볼 수 있다.

젊은 나무 꽃이라고 애교스럽거나 늙은 나무 꽃이라고 안쓰러워

할 일이 아니다. 같은 가지라도 양지, 음지, 바람모지, 밑가지, 윗가지 등 그들만의 여건에 따라 며칠쯤 먼저 또는 늦게 피어날 뿐 다툼이 아니다.

영양 상태에 따라 다소 크고 작고 빛깔이 선명하거나 흐릿한 차이를 보일 수는 있다. 그보다 보는 사람의 주관적인 감정에 따라서 오락가락한다. 이 꽃 저 꽃 마음에 호사를 하면서 벌 나비도 자유롭게 넘나든다.

젊은 나무에서 피었다고 더 정감이 묻어나지 않는다면 늙은 나무에서 핀 꽃이라고 추한 늙은 냄새가 나지 않는다. 그냥 막연하고도 무책임한 감상에 젖은 편견이 있을 뿐이다. 꽃은 꽃으로서 제몫을 다하면 된다.

고목나무에도 꽃이 핀다는 말이 있다. 나무가 생명이 있는 한 잎을 피우고 꽃을 피우는 것은 당연하다. 끊기지 않은 목숨줄에 주먹 불끈 쥐고 피워낸 꽃이다. 아주 소중하고 멋진 모습으로 몇 번이고 돌아보게 한다.

비록 몸통에 구멍이 숭숭 뚫리고 거죽에는 심한 주름으로 몰골이 사나워도 순결한 꽃을 피워낼 수 있으니 감동이다. 꽃에는 그런 애잔한 모습이 들어있지 않다. 하지만 넘치는 숭고함에 신비감까지 휘감고 있다.

자연 자체는 늙지 않는다. 네가 늙고 내가 늙고 사람이 서둘러 늙을 뿐이다. 그냥 가야할 과정을 절차 밟듯이 가고 있다. 내년 또 내년은 늘 처음 맞는 해이니 비록 늙은 나무에 핀 꽃일망정 가장 젊은 꽃을 본다.

- 2016. 03. 06.

정월대보름날 달은 없었다

정월대보름이다. 24절기 중 하나는 아니지만 명절의 하나였음에는 틀림이 없다. 그 풍속의 일부가 지금껏 이어져 오고 있다. 새벽같이 부럼을 깨물어 이를 튼튼하게 하고 귀밝이술로 올바른 소리를 경청하기도 했다.

'내 더위를 사가라'고 했다. 오곡밥을 지었다. 또래 아이들은 색동옷에 삼삼오오 몰려다녔다. 이집 저집에서 모처럼 맛깔스러운 음식 맛에 덕담까지 들어가며 모처럼 마음껏 웃음을 쏟아내면서 시시덕대기도 했다.

끼리끼리 제기차기도 하고 팽이도 돌리고 연을 날렸으며 투호도 하고 널을 뛰기도 하였다. 여인들은 방안에 빙 둘러앉아 윷을 놀고 남자들은 밖에서 멍석을 깔고 놀았다. 머슴도 전날부터 먹을거리에 신바람 났다.

한 사람씩 윷을 던지며 놀아도 좋고 여러 명이 조를 만들어서 단체전으로 번갈아가면서 윷을 놀아도 좋다. 곧 끝날 성싶었던 판이

모, 윷이 연달아 쏟아지고 말이 잡히면서 게임은 예측할 수 없는 상태로 돌아갔다.

윷놀이는 '도개걸윷모' 윷가락 네 개를 한꺼번에 던진다. 물론 윷은 잘 놀아야 한다. 그러나 그것으로는 부족하다. 필요할 때 필요한 것이 나와야 한다. 또 말판을 잘 써야 한다. 모가 많아도 질 수 있기 때문이다.

저만큼 앞질러 가던 말을 잡았다고 한 쪽이 박수에 덩실거릴 때 다른 한 쪽은 망연자실하여 시무룩하다. 쫓고 쫓기며 누가 먼저 말 넷을 끝내느냐의 경기다. 가다 잡히면 다시 원점에서 출발하며 지름길을 찾는다.

일방적으로 내닫기보다 덜미를 잡고 잡히면서 흥미진진해진다. 간단한 내기도 심심치 않게 등장한다. 손뼉에 목소리 높이는 것만도 마냥 좋다. 윷가락 넘어가는 소리만큼이나 시끌벅적 큰 웃음소리가 터져 나온다.

도는 돼지, 개는 개, 걸은 양, 윷은 소, 모는 말을 의미한다. 동물의 발걸음만큼 말판을 가는 것이다. 그런데 이판사판이라고 하듯 '모 아니면 도'라고 하는 극에서 극을 지칭하는 말도 있다. 초조해서두르면 안 된다.

정월대보름에는 이처럼 많은 민속놀이가 있다. 하지만 그 중에서 가장 큰 관심은 아무래도 불꽃놀이에 달집을 태우며 휘영청 밝은 보름달을 보는 것이다. 뒷동산의 푸른 하늘에 둥그런 보름달이 살금살금 떠오른다.

팔월 한가윗날 달은 조상님에게 감사하고 지난날을 돌아보면서 그리운 이를 그리워하기도 하였다면, 정월대보름달은 한 해를 갓 출발하면서 꿈도 많은데 순탄치만은 않을 앞날에 하소연하는 기대 심리이기도 하였다.

일 년간 가정의 안녕은 물론 이런저런 소원을 누군가가 엿들으면 쑥스러워서 조심스러웠고 자신에게 굳은 다짐을 해보기도 하였다. 그럼으로써 마음이 한결 가뿐해져 은연중 든든함이 쟁여오는 기분이었을 것이다.

그런데 올해는 기다려도 정월대보름달이 없었다. 어이 달이 떠오르지 않았을까마는 다만 볼 수 없었을 뿐이다. 무슨 큰 속사정이 있어서 저 깊은 곳 어딘가에 꼭꼭 숨어서 살금살금 우리의 눈을 속이며 지나갔을 터이다. 이처럼 생각지 못한 구름이 많이 몰려들어 달조차 볼 수 없었으니 뒤통수를 맞은 기분이다. 많은 사람이 크게 실망했을 것이다. 그러나 어찌하랴. 인간의 영역을 벗어난 우주의 섭리인 것을 발만 동동거릴 뿐이다.

달은 어제도 떴고 내일도 뜰 것이다. 보름달이라고 오늘뿐인가. 1년이면 12번이고 다음 해에도 여전히 보름달은 떠오를 터이다. 하지만 그 정점을 놓치면 언제 그런 일이 있었던지 점점 관심 밖으로 밀려나고 만다.

내일 아무리 더 우아한 달이 떠오른다고 해도 그 마음을 채울 수는 없다. 때문에 그 절정인 타이밍이 바로 기회다. 기회를 놓치면 그 가치가 크게 못 미치거나 달라지는 것이 없다고 하여도 무의미하게 추락하고 만다.

이처럼 꼭 그 시간 그 자리에 그것이어야 한다고 생각을 한다. 그래야 소위 대박이 난다. 기다리거나 참지를 못한다. 하지만 마음은 수시로 좋다가도 싫증에 변덕을 부리면서 슬그머니 샛길로 빠져 외면하기도 한다.

배고플 때 먹을 것을 주어야 고마운 줄을 안다. 배부른 사람을 붙잡고 먹는 이야기를 아무리 해보았자 시큰둥할 뿐 관심 밖으로 밀려나기 십상이다. 정말 힘들어 할 때 손을 내밀어 잡아주어야 그 가치가 빛이 난다.

기회라고 한다. 최고의 가치가 있는 시점이다. 지금 할 일을 미루지 마라. 그도 잠시잠깐 일상으로 돌아가면 그뿐이다. 무슨 큰 이슈나 생겨야 다시 등쌀을 부린다. 그것이 평범한 사람이 살아가는 모습이고 속성이다.

어쨌거나 올 해는 정월대보름달을 보지 못했다. 한 편으로는 다소 아쉬움이 남는다. 하지만 그뿐이다. 내일이면 까마득히 잊은 사람들처럼 당분간은 달에 대해서 그리 큰 관심은커녕 의식조차 못하고 잘 지낼 것이다.

살아가면서 어디 나만 말 못할 속사정이 있다더냐. 때로는 수많은 사람들이 목을 길게 빼고 기다려도 선뜻 나타나지 못하는 보름달도 있지 않더냐. 세상만사 그런 거다. 마음대로 아니 되기에 더 매력이 있는 거다.

비록 정월대보름달을 직접 볼 수는 없었지만 그래도 마음속에 여전히 큼직한 보름달이 떠올랐다. 그 때 그 때 최선을 다하며 사회적 관심사에 함께 참여하였다는 것만으로도 보람이 있었던 일로 훈훈하게 전해졌다.

- 2016. 02. 23.

제4부
선자령 눈밭을 오르며

선자령 눈밭을 오르며

온통 눈밭이다. 집 근처에도 눈이 지천이었는데 끝내 대관령까지 왔다. 이 눈밭에서 무엇을 보고 무엇을 확인하고 싶었던 것일까. 나무도 눈밭에 꽂혀있지 싶다. 눈 속에 눈을 들이박고 눈물이라도 흘리고 싶었던 걸까.

활엽수는 그래도 이파리를 낙엽으로 지우고 빈 가지에 눈을 얹고 있으니 그나마 여유가 있어 보이지만 침엽수인 주목 전나무 소나무는 욕심이 지나치게 과했던지 가지가 휘도록 눈을 담고 있어 몹시 힘들어 보인다.

저쪽 나무는 양털을 깎아놓은 듯싶기도 하고 이쪽 나무는 눈으로 푹 뒤집어쓰고 움집처럼 보이기도 한다. 바람도 없는데 힘에 겨웠던지 갑자기 균형을 잃고 제풀에 눈사태가 나듯 가지의 눈이 와르르 무너져 내린다.

온통 눈바다 설해다. 나무마다 눈꽃 설화다. 눈꽃을 보며 눈바다를 헤집고 간다. 엊그제 대한에는 영상의 기온으로 해빙기라도 맞은 듯싶은 겨울 속에 봄날이었다. 그도 잠깐 이곳은 폭설이 내리며 하얗게 뒤덮어버렸다.

눈에 발을 들이민다. 기다린 듯 푹 빠진다. 눈 속이 오히려 따스하다. 그래서 풀들이 겨울에도 자라나고 생명을 무사히 보호받을 수 있는 것이다. 추위에 이불 역할을 하기도 한다. 발을 뽑아 내밀며 다시 앞으로 나간다.

대관령서 선자령을 오르고 있다. 가도 가도 하얀 눈밭에 너무 눈이 부시다. 빠지고 누웠다가 일어서면서 즐거움을 만끽하는 웃음소리까지 사진에 찍히지 싶다. 백두대간 설경이 너무 아름다워 잠시 머뭇거리기도 한다.

야생화 팻말이다. 저 눈 밑에는 수많은 생명들이 숨을 죽이고 있다. 때만 기다리면서 죽은 듯 체념한 듯 귀를 막고 눈을 감고 입 다물고 있을 것이다. 머잖아서 좋은 날 좋은 세상이 올 것을 기다리면서 납작 엎드려 있다.

푸름으로 뒤덮는 날 이곳 대관령도 변신을 한다. 시원한 숲에 초원을 만들고 이웃 목장에서는 소와 양들이 뛰놀며 활기를 되찾는다. 눈밭은 잠시 휴식일 뿐, 활동을 잠시 멈추고 도약할 준비를 하고 있는 중이기도 하다.

눈이 온 세상을 뒤덮었다. 대관령을 덮고 겨울을 덮었다. 뽀드득 뽀드득 눈을 밟으며 간다. 대관령을 밟고 간다. 마음을 이따금 내려놓았다 간다. 가도 가도 눈밭이지만 그 속에도 길은 있다. 나를 이끌고 선자령으로 간다.

사람들이 우르르 몰려간다. 산으로 꾸역꾸역 올라가고 있다. 눈을 꾹꾹 밟는다. 겨울도 꾹꾹 밟지만 마음은 자꾸 일어서고 있다. 눈밭에서 푸름을 생각하고 바람 속에서 전깃불을 생각하고 겨울 속에서 봄을 생각한다.

바람이 분다. 겨울을 쓸고 있다. 선자령을 쓸고 있다. 내 마음을 쓸어내리고 있다. 훈훈한 바람이다가 시원한 바람이다가 차가운 바람으로 부지런히 지나가고 있다. 저 언덕 위에 풍력발전기를 한 바탕 돌려보려나 보다.

바람이 스친다. 선자령의 겨울바람은 만만치가 않다. 인근 덕장에서는 명태가 얼었다가 녹았다가를 거듭하면서 품질이 좋은 황태로 변신을 하고 있다. 저 나무들도 저렇게 서서 나름 튼튼하게 단련하고 있을 것이다.

지금도 많은 곳은 1m쯤은 쌓였다. 그제 어제 이틀간 50cm 이상 내렸지 싶은데 그래도 이대로는 부족하다 싶은지 눈발이다. 눈의 나라 설국에 온 것을 환영하며 영접하듯이 축제의 분위기로 펄펄 휘날리고 있나 보다.

찬바람이 나뒹구는 눈밭에서 점심 한 끼니를 위해 자리를 둘러보지만 마땅치가 않다. 하지만 새나 짐승은 미처 식량마저 마련하지 못하였을 터이니 어디쯤에서 배고픔에 떨고 있을까. 배가 불러야 잠도 쉬이 올 텐데.

선자령은 설원이요 설국이다. 그 흔한 한 줌 흙조차 볼 수도 밟을 수도 없다. 오직 차가운 바람이 풍력발전기의 거대한 날개를 돌리고 있다. 마치 시간을 거꾸로 돌리듯이 시계 반대 반향인 왼쪽으로 돌아가고 있었다.

* 2013년 『한국수필』 3월호 (217호) 게재

낙엽의 넋두리

낙엽이 모여들어 소곤거리다가 발길에 밟히면서 주절주절 가을 이야기를 털어놓는다. 저희도 한 때는 때깔 좋은 단풍이었다고. 그야말로 아주 멋들어졌다고. 온 세상 붉게 혹은 노랗게 물을 들이고 부러운 것 없었다고.

하늘을 훨훨 날아 어디고 갈 수 있을 것 같았다고. 온 세상이 부럽지 않았다고. 그런데 지금 이 몰골이 무어냐고. 지나는 바람이 묻지도 않고 멋대로 이리저리 몰고 다니다 아무렇게나 콱 내던지며 농락했다고 글썽인다.

이따금 옷자락 구겨지고 더럽혀진다고 착각을 하기도 했지. 다 지나간 일인데도 깨어진 꿈속을 헤매기도 했지. 때로는 털이 숭숭 흉측스러운 발길의 짐승이나 지저분한 발길의 사람들이 오가며 마음대로 짓밟기도 하고.

고약스러운 냄새와 먼지에 땀내는 그만두더라도 버석버석 으스러지는 아픔을 감내하거나 소리 한 번 제대로 내지르지 못하고 그냥 허무하게 뭉그러지거나 갈가리 부서져 형체조차 알아 볼 수 없게 만들어지기도 하지.

대체 우리가 뭘 그렇게 당신들한테 또는 이 세상에 잘못했는데 그런 박대에 서러움을 안고 겪어야 하지. 우리도 한 때는 꿈 많은 소녀처럼 부끄러움을 안고 뾰족 뾰족 새싹을 내밀었고 손바닥을 활짝 펴듯 잎이 되었지.

그 후 벌레들이 달려들기도 하고 가뭄에 오그라들기도 하면서 열심히 영양분을 만들어 나무들을 먹여 살리기에 한눈팔거나 내 자신에 신경 쓸 여유가 없었지. 한여름에는 비바람에 혼란을 겪으면서도 묵묵히 견뎌냈지.

이제 더위가 물러가고 선선해지면서 가을이다 싶은데, 몸이 하루 다르게 곱게 변하면서 또 한 번 사람들이 몰려들어 아우성치는 거야. 저것 좀 보라고! 환상적인 단풍이라고! 그 때는 정말 붕붕 떠오르며 우쭐해 있었지.

그런데 그도 잠깐, 어느 날 바람이 불면서 갑자기 몸뚱이가 삐거덕거리나 싶더니 막 허공 속으로 한없이 추락하는 거야. 미처 무섭다는 말도 나오질 않았지. 그냥 야릇하면서 신기하기도 하고 처음 겪어보는 일이었거든.

주위에 그 누구에게도 말할 틈도 없고 상황도 아니었거든. 그러다 땅바닥에 무참하게 떨어졌지. 지금 돌이켜봐도 얼떨떨하기만 하지. 다시는 저 나무 위에, 내가 있던 곳에 돌아갈 수 없다는 것을 알기에는 며칠이 걸렸지.

그러는 사이에 내 신세와 같은 녀석들이 하나 둘 모여들어 이렇게 마음 아파 할 줄 누가 알았겠어. 이제 앞으로 어떻게 될지 모르겠어. 그래도 누가 나를 땅속에 묻어주면 푹푹 썩어 나무에게 한 줌 거름이나 되었음 해.

그게 내 마지막 소원이고 내어줄 수 있는 나의 모든 것이거든. 하지만 그마저 내 마음대로 할 수 없다는데 아픔이 있는 거지. 이러다 어느 날 불길에 확 타버리거나, 끝내 눈을 감지 못하고 떠돌이가 되는 건 아닌지 몰라.

이러지도 저러지도 못하다 지나는 바람의 노리개로 툭툭 차이기나 하는 것은 아닌지. 또는 원한 관계도 없는 발길에 짓밟혀 으스러질지 몰라. 차라리 산산이 부서져버리는 것이 순간의 아픔은 있을지라도 낫지 싶기도.

나무에서 떨어지는 순간 단풍이라는 예쁜 이름마저 가차 없이 박탈당하고 낙엽이란 이름으로 추락하였거든. 시내에서는 아예 쓰레기 취급에 물기도 마르기 전에 숨이 막히게 싹싹 쓸어 담기어 어디론가 실려 간다는 거야.

그것이 마지막 모습이라는 거지. 공원에서 도로에서 아파트단지에서 손을 호호 불던 이른 봄부터 새싹으로 기쁨을 주며 한여름에는 시원한 그늘에 단풍으로 수까지 놓았건만 이처럼 매정하잖아. 지난날이 다 꿈이었나 봐.

그래도 여기는 그 정도까지는 아니지. 이렇게 모여서 소곤소곤 곱씹으며 넋두리할 시간이라도 주어지잖아. 그러기에 자연은 자연 속에서 빛이 나지. 가만가만 이번엔 좀 센 녀석이 오려나 봐. 입을 꽉 다물고 있어야지.

단풍은 태어났다 떠나며
감사함을 전하는
마지막 예복

낙엽은 모두를 내려놓는
마지막 비움
되돌려주는 의식

채움을 갈무리해
거둠의 가을
비움으로 넉넉해진 계절.

— 낙엽

- 2014. 11. 09.

* 2015년『한밭수필』(제7호) 게재

일본 후지산에 오르다

산장에서 예정보다 한 시간 서둘러 8월 13일 새벽 4시에 달과 함께 길을 나섰다. 잠시 준비운동을 하고 아렴풋한 길을 간다. 널찍하니 길은 잘 만들어져 있다. 처음에는 평지 같은 기분에 얕잡아보았는지 마치 경보경기라도 하듯 앞서거니 뒤서거니 다툰다. 그러나 그도 잠깐, 관리사무소 입구쯤 다다르자 하나 둘 쉬어간다며 쳐진다. 그러면 그렇지! 엄청난 준비에 선수들만 온 줄 알았더니 마음만 앞섰던 모양이다. 국립공원으로 입장료는 없다. 화장실 같은 편의시설 또한 없다.

1시간쯤 지나 6합목을 오른다. 여기서부터는 나무는 고사하고 풀 한 포기 볼 수 없는 가파르게 세워진 허허벌판 화산재뿐이다. 얼핏 강원도 산간지방 고랭지채소 밭이 떠오른다. 수확을 막 끝내고 잘 갈아엎은 밭뙈기 같다. 그러나 아무 것도 자라지 않는다. 그나마 어제 다소간 비가 내려서 망정이지 조금만 바람이 불어도 잿가루가 말도 못하게 휘날린단다. 많은 비가 내려도 빗물은 금세 잿속으로 모두 스며들고 흘러내리질 않아 표면에 주름이 잡히거나 계곡이 형성되지 않는다.

초목이 마음 놓고 자라려면 아무래도 땅바닥은 주름지고 계곡이 있어야 한다. 둘레둘레 휘둘러보아도 계곡이 있는 곳에서부터 초목이 자라고 있는 것을 볼 수 있다. 계곡이 있다는 것은 곧 물이 흐른다는 이야기가 되고 이는 나무나 풀이 자랄 수 있는 환경의 첫 번째 조건인 수분을 공급받을 수 있기 때문이기도 하다. 이처럼 물이 흐르는 계곡이 없다 보니 푸나무가 없다. 비가 내려도 물은 흐르지 않고 그대로 스며들어 쌓여있는 화산재 흙더미가 원형 그대로 끄떡없이 견뎌낸다.

산자락을 살짝 올려다본다. 흘러내리던 흙더미며 굴러 내리던 바위들이 마치 마술에라도 걸린 양 동작 그만, 그대로 멈춘 듯싶다. 금세라도 와르르 무너지고 쏟아져 내릴 것 같지만 불안함 속에 안전하게 그냥 멎었다. 길이라지만 양쪽에 듬성듬성 철주를 박고 한 줄 쇠사슬로 연결고리를 이어놓은 것이 고작 전부이다. 특별한 안전장치도 없고 모두가 한눈에 훤히 보이기에 또 필요치 않은지도 모른다. 아주 경사면이 심한 곳은 콘크리트장벽을 쌓아 만일에 대비하였음을 알 수 있다.

빗물은 속으로만 껴안고 흐르다가 저 아래 밑바닥에서 비로소 호수를 만든다. 군더더기 없이 꼭대기까지 훤히 올려다보여도 수직으로 1km가 넘는다. 약삭빠르게 곧장 오르는 것은 절대금지다. 길바닥은 흙과 뒤섞인 자갈만한 화산재를 밟아가며 지그재그로 좀은 단조롭고도 지루하게 올라야 한다. 각 합목에는 산장이 있어 숙

박을 하며 또한 쉼터 겸 전망대 역할을 한다. 비록 후지산의 입장료는 없지만 화장실을 이용하려면 업소에서 청소비 명목으로 100엔씩을 지불해야 한다.

6합목(2390m)에 오를 즈음 뒷머리가 자꾸 뜨끔거린다. 잠시 뒤돌아보니 채 5시도 안 되었지 싶은데 때마침 해가 떠오른다. 약간의 구름 속에서 시뻘건 불덩이가 불쑥 솟구쳐 오른다. 순간 정신이 번쩍 들며 경건한 마음으로 우러러 본다. 해는 잠시 구름 속에 들어갔다 나오면서 찬란한 둥근 금덩이로 변하고 비로소 강렬하게 쏟아내는 빛으로 더는 똑바로 바라볼 수가 없다. 이처럼 생각지 못했던 후지산 자락에서 맞이한 일출의 장관은 그저 황홀함에 더 뭐라 할 말을 찾지 못했다.

정상 쪽에는 아직 머뭇머뭇 달이 훤하게 떠있다. 해와 달의 보살핌 속에 후지산을 오르는 축복 받은 날이다. 기후 또한 적합하여 가벼운 복장에 땀도 그다지 흐르지 않는다. 7합목(2700m)에서 올려다보니 오른 쪽은 물을 들인 듯 산자락이 빨갛다. 화산재가 흘러내린 것이다. 내려다보면 2천 수백 미터 아래 나지막한 산에는 구름이 걸리기도 하고 하늘금을 그은 모습들이 올망졸망 서로 키재기라도 하는 양 정겨움이 묻어난다. 또 새로운 수평선을 열며 구름바다를 이루기도 한다.

길가에 콩새를 닮은 새 한 마리가 웅크리고 있다. 작은 풀 한 포기 나무 한 그루도 없고 먹을 물조차 구하기 쉽지 않을 텐데. 높고 헐벗은 산자락에서 무엇을 먹고 어떻게 지내는 걸까. 다소 신기하고 궁금하였지만 그저 반가웠다. 아무리 열악한 조건이라도 생명체는 이처럼 살아가고 있다. 잠시 쉬면서 숙소에서 싸준 도시락으로 아침식사를 한다. 엊저녁에 미리 싼 것이라 좀은 뻣뻣하니 별로 내키지 않는다. 그래도 먹어두어야 힘을 얻겠다며 물과 함께 입안에서 우물우물거렸다.

비록 처음 만났어도 이런 곳에서는 낯설기보다 친근한 이웃 같은 생각이 든다. 같은 목표를 가지고 같이 힘들게 움직이고 있기 때문일 것이다. 한국에서 공수해 온 김치 한 봉지를 옆자리에 홀로 앉아 식사를 하는 일본인 할머니에게 슬쩍 건넸다. 처음에는 뭔가 머뭇머뭇 사양하는 손짓이었다. 거듭 그냥 드시라는 말을 알아들었는지 금세 얼굴빛이 환해지면서 고맙다는 인사를 민망할 정도로 연신한다. 이 같은 모습을 직접 겪으면서 무심코 스쳐지나갔던 이야기가 퍼뜩 떠올랐다.

일찍이 쇼군(장군)이라는 막부(군인) 세력에 무지렁이로 짓밟히며 살아온 서민들이었다. 무법천지로 닥치는 대로 살육을 가리지 않았던 터라 그들이 지나가면 납작 엎드려 무턱대고 조아렸다. 그러나 말을 타고 달리기에 확실하게 보았는지 알 수 없는 터라, 행여나 화라도 미칠세라 걱정이었다. 이에 못 보았으면 보란 듯 계속해서 머리를 숙였다 들었다 몇 번이고 그들이 완전히 사라질 때까지 수없이 반복했다. 이처럼 살아남기 위하여 조아리던 습관이 지금껏 남아있지 싶었다.

또한 쇼군은 포악스러운가 하면 느긋하니 여유로움을 즐기는 이도 있어, 같은 새 한 마리를 키우면서도 그 새가 울지 않으면 처신하는 방법이 사뭇 달랐다. 괄괄한 성격은 이제 새로서 더는 필요 없다고 단칼에 목을 날렸는가 하면, 수단과 방법을 가리지 않고 으르고 달래는 채찍과 당근으로 울도록 만들었고, 때가 되면 울지 말래도 울겠지 하고 느긋하게 기다렸다고 한다. 물론 극단적인 비유이긴 하지만 세 부류 중 마지막 번을 지향하는 일본인은 은근과 끈기가 있다고도 한다.

8합목(3020m)을 지난다. 왼쪽에서는 어느새 올랐다가 웅성거리며 열을 지어 내려온다. 부듯함을 넘어 가뿐한 발걸음이다. 나는 언제 저들처럼 내려가나 다소 처량하지 싶었지만 조금만 더 꾹 참자. 머잖아 저 대열에 설 시간이 다가오리라는 마음에서 굳게 다짐해 본다. 한국인이 백두산을 생각하듯이 일본인은 후지산을 영산으로 여기며 아주 자랑스럽게 여긴다. 5합목서 지팡이(각목처럼 깎았음)를 구입하여 각 합목을 거치며 인두로 지지는 도장을 기념으로 받아가며 오르기도 한다.

정월 초하루, 오월 단오절, 추석이 일본인의 3대 명절인데 마침 추석명절 연휴기간으로 많은 사람들이 유원지나 온천 같은 곳을 찾는다고 한다. 지그재그 길 굽이굽이마다 젊은 남녀가 픽픽 쓰러져 맥이 풀려있다. 간혹 구역질을 하기도 한다. 3천m 이상을 올랐으니 소위 고소증세에 시달리는 것이다. 얼굴과 손을 보니 좀은 푸르스름한 것 같다. 가슴이 다소 무거워지고 속이 안 좋은 성싶다. 그러나 나는 아직 별 이상을 느끼지 않았다. 헐떡거려도 한 발 또 한 발 자꾸 내디디었다.

본8합목(3360m)을 벗어나 정상에 가까울 즈음 이곳에도 그들의 토속신앙인 신사가 설치되어 있다. 소위 天자 모양의 문으로 톨이(새)가 세워져 있다. 새가 이생과 내생에 영혼을 물어 나른다고 믿는다. 그 새가 〈톨이〉에서 기다리고 있는 것이다. 이 엄숙한 의식에 공짜가 어디 있으랴. 이에 대한 믿음의 표시인지 나름대로 마음을 모으며 재물을 바친다. 재물이라기보다는 그렇게 함으로써 마음이 편해지는 것이리라. 몇 백, 몇 십 원 동전이 겹겹이 놓여있는 것을 종종 볼 수 있다.

9합목(사실상 10합목) 정상능선에 올라섰다. 겹산이 아니기에 한 자락을 빤히 올려다보며 올랐다. 한 장 한 장 벗겨내는 재미는 없었지만 오르는 사람도 내려가는 사람도 같은 손바닥처럼 한눈에 보며 오르내린다. 펑퍼짐하니 상점들이 죽 늘어섰다. 등산에 소요된 시간은 생각과 달리 불과 4시간여에 지나지 않았다. 온 길을 빠끔히 내려다보니 몇 번 펄쩍거리면 될 성싶게 확 드러났다. 왼쪽으로 돌아가야 분화구가 나왔다. 마지막 정상(3776m)에 우뚝 서서 분화구를 들여다보았다.

물 한 줌 없는 맨바닥이 드러났다. 백두산 천지는 그만두고라도 한라산 백록담이 어디 이렇던가. 물도 있고 노루가 뛰며 꽃이 피어난다. 또한 원뿔형의 모양새도 품위가 있지를 않는가. 그런데 이게 무어냐. 엄숙함까지는 그만두더라도 어딘가 좀은 꾀죄죄하면서도 너무 단조롭다. 그 요란한 유명세에 실망스러울 만큼 너무 엉성하니 100여 미터 깊이의 한 계곡을 그냥 막아놓은 형상이다. 건너편에 분화구 벽이 보인다. 벌건 곳도 있고 푸른 곳도 있고 움푹 파인 곳에 직벽도 있다.

네 시간 동안 올랐노라
너희들 자존심인 후지산에 왔노라
홀러덩 벗겨진 산자락에
빈 곳간 같은 이지러진 분화구
세심한 손놀림과는 달리
민숭민숭 널브러진 화산재 뿐
마음먹고 왔다가 맥 풀려 가노라.

— 후지산 정상에서

주변에는 검은 빛 혹은 붉은 빛 화산재가 널려 있다. 달리 특이한 바위라든지 무슨 형상 같은 것은 찾아볼 수 없어 허전하니 단조롭다. 그저 높은 산이라는 것밖에는 달리 느낌으로 담을 만한 것이 없다. 그나마 저 멀리 막힘없는 조망쯤으로 위안을 삼는다. 비행기를 타고 3천여 미터 상공에서 내려다보는 것보다는 그래도 맺음 상태에서 보는 또 다른 느낌으로 다가섰다. 기대가 큰 만큼 어긋남도 있었으리라. 그러나 분명 한 발 한 발 일본인 가슴에 발도장을 찍듯 콱콱 찍었다.

갑자기 하늘에서 희뿌연 구름 한 무더기가 분화구로 떨어져 들어가더니 바람을 일으키며 안개를 물고 나와 주변을 연막 치듯이 흩뿌려놓는다. 날씨가 심통을 부리려나 보다. 저만치 분화구 주변을 거닐다가 그럴 듯한 새카만 화산돌 하나를 주워들었다. 내 기꺼이 너를 인질로 데려가리라. 서재 한 귀퉁이에 두었다가 너를 보면서 오늘 이 순간을 되새김질해 보리라. 배낭 옆구리에 조심스럽게 끼워 넣었다. 다소 으쓱으쓱 추워지고 안개도 심해지는 것 같아 이쯤 하산하기로 했다.

* 2016년 『한국수필』 2월호 (252호) 게재

후지산 정상 분화구

* 물 한 모금 없는 후지산 정상의 초라하기 그지없는 분화구 모습에 다소 실망스러웠다. 3776m 고산지대다 보니 한여름인데도 정상 부근에는 간혹 눈이 하얗게 남아 있었다. 우리나라의 한라산 백록담이나 백두산 천지는 이에 비하면 자연이 빚은 예술품이었다.

궁예를 기리는 명성산

저 나무는 유난히 빨갛게 잎이 물들었다. 단풍잎으로 가을이 깃들고 있다. 어쩌면 저렇게 선명한 핏빛일까? 아직도 궁예의 피가, 아니 그 군사들이 처절하게 흘린 피를 못 잊어 하는 것일까? 진저리나도록 새빨갛다.

탕~, 가까운 곳에서 대포소리가 들려온다. 화약 냄새도 번져오지 싶다. 그래 여기는 최전방인 아직 끝나지 않은 전쟁이다. 곳곳에 포진한 군인들의 사격훈련이다. 이곳에 사는 사람은 시큰둥하지만 뜨끔하게 들렸다.

때마침 활짝 핀 억새가 햇볕에 은빛으로 번들번들하다가 바람을 타고 출렁거린다. 얼핏 수많은 군인들이 총대를 높이 쳐들고 군중 앞에 환호성을 내지르고 있다. 한 때 궁예의 군대가 승승장구 개선하던 모습일까?

갈수록 산자락은 절벽으로 철옹성을 이루고 바위들로 뒤엉켜 지형이 험악해진다. 까마귀가 난다. 흉측한 겉모습도 마땅치가 않은

데 마치 주위를 엿보는 염탕병과 같은 강렬하고도 음흉스러운 눈초리에 섬뜩해진다.

계곡에는 폭포가 만들어졌다. 여기저기 산비탈을 타고 한 방울 빗물까지 모여들어 요란한 굉음을 쏟아냈던 폭포다. 궁예의 군대가 저리 땀을 흘리고 끝내 핏물도 저리 흘러 보탰을 성싶은데 가뭄으로 바싹 말랐다.

궁예가 호화로운 궁전을 버리고 이곳으로 숨어들어 반군에 저항하며 서러움에 얼마나 피눈물 흘렸으면, 따르던 백성들이 원통해 했으면, 몇 날을 두고 처절하게 울었을까? 이를 기억하려고 훗날 명성산이라 했던가.

궁예는 본래 신라의 왕자였으나 낭떠러지에 버려지면서 한 쪽 눈을 실명하고 가까스로 살아났다. 분노와 복수심으로 펄펄 끓었다. 끝내 그는 고구려유민과 어울려 철원에 태봉국을 세우고 후삼국시대를 열었다.

제풀에 넘어지는 신라를 밀쳐내고 후백제를 견제하며 나날이 번성해 갔다. 이에 자만심이 생기고 그간 잊었던 자신을 돌아보았던가. 세상을 두 눈으로 똑똑히 보아야 하는데 애꾸눈이니 편견이 앞설 수밖에 없었던가. 신체적 불구인 그는 한계를 느끼면서 자꾸 의구심을 갖게 되었다. 변덕이 심하고 성격이 아주 포악해졌다. 심지어 독심술을 운운하였다. 사람의 마음까지 읽어낸다는 것이다. 이에 신하들은 벌벌 떨 수밖에 없었다.

툭하면 역모를 꾀한다고 독심술을 쓰면서 신하를 무참하게 처단하였다. 그야말로 하루아침에 형장의 이슬로 사라졌다. 그 누군들 자신의 목숨을 장담할 수 있었겠는가. 바들바들 눈치나 보며 비위 맞추기에 급급했다.

날이 갈수록 횡포가 더 심해졌으니 민심은 천심이라 했던가? 궁예에 대한 충성심은 자꾸 멀어져 갔고 나라꼴은 말이 아니었다. 여기저기서 이대로는 못 살겠다고 반기를 들 수밖에 없었다. 궁예자신이 자초한 일이다. 믿었던 왕건에게마저 끝내 배신을 당했다. 결국 궁예는 궁전을 버리고 떠돌이가 되었다. 쫓기고 쫓기다가 이곳에 들어와 최후를 맞았다. 뒤늦게 후회한들 무엇 하랴. 설마 했던 일이 현실인 걸. 조금은 잘하지 그랬어.

하늘은 왜 저리 푸른가. 흰 구름 한 덩이에 몹시 깊어 보이는 하늘이다. 시뻘건 단풍잎과는 달리 둥둥 떠 있는 모습이 정말 한가롭고도 평화로운 모습이다. 구름아, 잠시 내 마음 좀 싣고 가렴. 산정호수에 다다랐다.

맑디맑은 물에서 오리배를 타고 있다. 연인인가 보다. 달콤한 언어를 도란도란 주고받으며 마냥 행복에 젖어 있다. 이쪽은 알콩달콩 서로 다독이며 함께하는 가족들이다. 저쪽은 시끌시끌한 오랜만에 만난 친구들이다.

산과 호수에는 수많은 사연들이 묻히고 잠겼다. 그를 교훈 삼으면서 또 그 길을 가고 있으니 참으로 딱한 일이다. 하지만 그런 모습이 사람이지 싶다. 반듯하게 가도 돌아보면 삐뚤빼뚤하다. 다시 가을이 오고 있었다.

- 2014. 10. 09.

* 2014년 『문학시대』 겨울호 게재

하짓날 일출보기

오늘이 하지(夏至)로 낮의 길이가 가장 긴 14시간 46분이나 된다. 갑자기 일출이 보고 싶었다. 해가 긴 만큼 일찍 뜰 것이다. 새벽녘 서둘러 나서 1시간 20분 만에 시내에 있는 보문산 시루봉 정자에 올랐다.

선선한 바람 속에 일출시간이 되었는데 구름의 철저한 보안으로 기척조차 없다. 그래도 해는 떠오를 것이기에 저기쯤일까 더듬거렸지만 오늘 새벽산행에 핵심의 알맹이가 빠져서 아쉬움만 안고 포기해야 했다.

사실 해야 날마다 어김없이 떠오른다. 다만 계절에 따라 방향과 시간대가 다소 다를 뿐으로 큰 관심이 없다. 그러다가 간혹 눈여겨보게 되지만 그날이 그날처럼 다르지 않아 대개는 그냥 무심코 넘기기 일쑤다.

그래도 해맞이는 한 해가 가고 새로운 한 해가 열리는 신년해맞이일 것이다. 괜스레 싱숭생숭 들뜬 마음에 송구영신이라며 야단

법석을 떨게 된다. 하나의 획을 긋는다는 상징적 의미가 담겼기 때문일 것이다.

정월 초하루면 어떻고 한 해의 절반쯤 지나는 하짓날이면 어떠랴. 해가 떠오르는 그 장엄한 의식이야 뭐 크게 다르랴. 그렇지만 일출이라면 새해 첫날에 봐야 하는 것처럼 선입감에 담아두고 있지 않나 싶다.

그런데 뜬금없이 일출을 보겠다고 나섰다. 그것도 이름난 곳이 아닌 평범한 시내 산에 오른 것이다. 그렇지만 준비가 부족했던지 보기 좋게 거절을 당한 꼴이 되어 닭 쫓던 개 지붕 쳐다보는 꼴이 되었다.

비록 해맞이는 못했지만 숲의 새벽은 아주 분주하지 싶었다. 새벽같이 뻐꾸기가 울어댔다. 밤 사이 제 핏줄이 어찌 될까봐 노심초사 뜬눈으로 지새우고 확인이라도 하는 것인지 다소 목쉰 듯해 안쓰러웠다.

검은머리독수리는 모두 비우라는 듯 울음소리가 바싹 달라붙었다. 꿩도 느닷없이 마치 제 존재를 알리려는 듯 소리를 내질렀다. 다람쥐가 잽싸게 나무를 타고 오르고 산새가 목청을 가다듬으며 짹짹거렸다.

산에 오르는 길목에서 얼굴에 거미줄이 걸렸다. 이곳은 오늘 내가 첫 손님이었던가. 다소 어둡기는 하지만 삽시간에 속수무책이었다. 손으로 걷어내지만 마치 온몸을 옭아매고 조여 오듯 기분이 찝찔하였다.

거미는 거미대로 밤 새워 친 그물에 적당한 먹잇감 아닌 아주 거대한 괴물이 걸려 그물만 통째 찢겨 없어지는 '재수 옴 붙었다'고 중얼거리며 다시 그물을 튼튼하게 지어야 한다며 음흉스런 모습일 것이다.

심한 가뭄에 길바닥은 금세라도 먼지가 푸석푸석 일어설 것 같고 이슬도 없는 풀숲은 메말라서 시무룩하였다. 가까스로 피어난 개망초꽃은 며칠째 그 모습 그대로인지 점점 볼품이 없이 일그러져 가고 있다.

나방이가 앞에서 알씬거렸다. 애벌레가 거미줄 같은 줄에 거꾸로 매달렸다가 어렵사리 태어났는데 나비도 못 되고 한낱 보잘것없는 나방이라니 무슨 꼴이람. 우아하니 멋진 삶을 살아야 할 것이 아니던가.

전생에 그리 업보가 많아서 다 벗지 못하였던가. 울퉁불퉁 불편하기 짝이 없는 장작더미에서 잠을 자고 쓰디 쓴 곰쓸개를 핥으며 복수의 칼을 갈면서 재기를 노렸다는 와신상담이란 고사가 뜬금없이 스쳐갔다.

저 나방이의 전신도 그에 못지않은 과정을 거치지 않았나 싶은데 어쩌자고 고작 나방이로 태어났을까나. 나비와 달리 사람들의 눈에는 밉상으로 꼭두새벽부터 먹이를 찾아 헛된 날갯짓을 하고 있는 것이다.

끝내 일출은 보지 못하였지만 발길 드문 새벽에 신선한 공기를 가르며 주변의 새로운 모습을 훑어보는 것도 괜찮아 보였다. 이런 저런 생각에 잠겨보기도 하고 밝아오는 숲속의 아침을 들여다보기도 하였다.

소낙비는 하루 종일 내리지 않고 곧 그친다고 했다. 우선 피하고 보자고 했다. 일출도 마찬가지로 잠시 보이지 않지만 구름이 언제까지 뒤덮으며 감추고 있을까나. 곧 드러나게 마련이지만 의미가 없어졌다.

실제로 한낮이 되니 맑은 하늘에 더 따갑게 햇볕이 내리 쬐었다. 왜 아침에는 떠오르는 모습을 적나라하게 보여주지 않았는지 다소 야속했지만, 그것은 바람일 뿐인 자연이 어디 마음대로 될 수 있었겠는가.

- 2012. 06. 21.

승부역에서 분천역 오지 트레킹

경상북도 봉화군 소천면 분천리다. 봉화군은 소백산과 태백산 사이에 선달산, 옥돌봉, 도리기재로 이어지는 32km의 백두대간이 병풍처럼 둘러싸고 1,000m를 훌쩍 넘는 고봉들이 불쑥불쑥 치솟아 천혜의 자연이 숨 쉬는 곳으로 금강소나무(춘양목)가 미끈미끈한 몸매를 자랑하는 곳이다.

분천역에서는 철암역까지 백두대간협곡열차(v-train)와 중부내륙순환열차(o-train)가 운행된다. 한국과 스위스 수교 50주년을 맞은 기념으로 스위스 체르마트역과 자매결연을 맺은 분천역은 협곡열차의 시발점이자 종점이기도 하다. 산타마을로 거듭나면서 오지의 비경인 관광명소가 되었다.

분천(汾川)에서 승부(承富)까지는 14분 거리다. 한 편의 영화를 보듯 생생하게 돌아가는 창밖의 화면을 열차에서 관람하고 하차를 하면, 거꾸로 영동선 오지를 트레킹 분천역으로 돌아간다. 나아가야 할 앞쪽도 갓 들어온 뒤쪽도 좌우까지 산자락인 절벽으로 둘러

쳐진 성냥갑 같은 하늘이다.

하늘에서 뚝 떨어진 곳 같은 승부역이다. 여북하면 하늘도 세 평이고 꽃밭도 세평이라 할 만큼 하늘만 빠끔히 올려다 보이는 곳에 섰다. 그래서 열차가 아니면 도저히 갈 수 없는 수송의 동맥이요 영동의 심장이라는 자부심으로 가득 차 있다. 그 주체할 수 없는 원동력은 활기로 넘쳐났다.

이미 백두대간을 종주하였다. 그때 저 너머 산줄기 능선을 걷던 때와는 다르다. 가장 높은 곳에서 가장 낮은 계곡바닥을 걷고 있다. 높은 곳에서 보지 못한 것을 낮은 곳에서 올려다보면서 그 속을 샅샅이 들여다보고 있다. 높다고 꼭 잘 보이는 것이 아니고 낮다고 보이지 않는 것도 아니다.

그 위치에서 알맞은 볼거리가 있다. 건성건성 큰 그림만을 보는 것이 아니라 세세한 작은 모습들을 들여다보고 있다. 정겨움은 감동으로 이어져 마음을 흔들며 발걸음을 가볍게 한다. 하나하나가 그림으로 신기하고 강하게 눈길을 잡아끈다. 이런 모습들이 트레킹을 하는 묘미이기도 하다.

한참 추워야 할 겨울의 중심인데 무심하리만큼 그렇지가 않다. 얼었던 계곡이 반쯤은 녹았다. 그 가장자리는 아직 얼음이지만 중심에 흐르는 물줄기는 사뭇 드세다. 대나무숲을 성급히 지나는 겨울 바람소리다. 하늘을 뒤덮고 한겨울 밤을 뒤흔드는 청정한 바람소리다. 아니 노랫가락이다.

낙동강의 상류로 그 맥을 잇는 올곧은 정기를 지켜내려는 힘의 분출이다. 물소리가 가슴을 시원하게 훑고 간다. 한여름 물길과 달리 아주 맑다 못해 시퍼렇고 투명하다. 바닥에서 부글부글 끓듯이 용솟음치기도 하고 빙글빙글 돌아가며 소용돌이치면서 1,300리 낙동강 물길이 되는 것이다.

절벽에 바위들이 수수만년 질서정연하게 들어서 있다. 그 사이 사이에 푸르른 소나무가 당당하다. 보기에도 아찔한데 어찌 저런 곳에서 뿌리를 내리고 있을까. 마치 흙이나 수분보다는 단단한 바위를 빨아먹고 사는 나무들처럼 보인다. 의문을 지니는 그런 정경들이 어우러져 돋보이게 한다.

대한까지는 며칠이 남았다. 하나 둘 벚꽃이 떨어진다. 눈발이 휘날린다. 안개비에서 이슬비다. 날씨가 확 풀어져 비록 햇빛은 드러나지 않는 흐린 하늘이지만 푸근하기가 봄날 같은 착각이다. 하지만 그도 머나먼 오지 트레킹을 위하여 잠시 참았을 뿐 내일부터 폭설에 추위가 몰려올 거란다.

끊임없이 이어지는 계곡이 굽이치며 수시로 바뀌는 경관을 구경거리로 힘들다거나 외롭지 않다. 순간순간 눈길이 호사를 한다. 그저 빠끔한 하늘에 삐쭉 얼굴을 내미는 계곡은 외길이다. 이따금 숨막힐 듯싶어도 강물은 바깥으로 통하는 유일한 통로와 같다. 그냥 묵묵히 따라가면 된다.

물길은 결코 높은 곳을 타지 않고 낮은 곳으로만 따라 흘러간다. 태극물길 전망대다. 산자락을 안고 휘돌며 태극문양을 만들었다. 유연한 물길이 아름다운 곡선을 만들어 냈다. 덜컹덜컹 숨소리가 들리지 싶다. 깊은 산속인데 큰 짐승이 없으랴. 어디서 낮잠을 즐기며 어둠을 기다릴 것이다.

철길과 나란히 걷기도 한다. 철길 밑으로 걸으며 축대 시멘트벽에 살짝 하얀 칠판처럼 깔린 눈 위에 하트를 그리고 가슴속 깊이 비밀스럽게 간직한 이야기도 적어놓았다. 사람의 손길이 묻어나기에 더 정겹다. 그 아래로 냇물 아니 강물이 끊임없이 흘러간다. 마른 강바닥을 걷기도 한다.

어느 곳에는 갈대가 길길이 자라 숲을 만들고 어느 곳에는 고운 모래밭에 어느 곳은 여기저기서 굴러와 모여든 돌무더기다. 다른 계곡에서 물길이 내려오며 합수되면서 강물은 그 폭이 넓어지고 물길 또한 깊어졌다. 이렇게 흐르면서 강은 물길을 모아 그 위세가 점점 당당하게 흘러간다.

아직은 완전하게 갈고 깎이지는 않았지만 둥글둥글한 돌들이 편안한 모습이다. 참새지 싶은 작은 새들이 그 존재감을 드러내려는 듯 떼거리로 날다가 잽싸게 바싹 마른 수풀 속으로 사라진다. 붉은 빛깔 금강소나무의 빼어난 모습도 들어온다. 잎이 진 앙상한 잡목에 엉거주춤 잡풀도 있다.

아무리 눈을 비비며 하늘을 올려다보아도 여전히 깊숙하니 좁기만 하다. 하늘에서 벌어지는 일을 알 수가 없다. 보이지 않는다. 아니 굳이 알려고도 않는다. 절벽에 잇대어 만든 티크길의 아찔아찔함과 출렁다리의 짜릿짜릿함과 오르내리는 계단의 조심스러움이 이따금 같이 하기도 한다.

오로지 기차만이 가까스로 오갈 수 있었던 이 오지에 사람의 발길이 멎지 않고 수없이 오고 가면서 아름다움에 심취되어 자연을 만끽하고 있다. 민가는 고사하고 간신히 물길만이 내닫는 깊은 계곡을 한 장 한 장 책장처럼 넘겨가면서 읽어가듯 있는 그대로 보고 걸으면서 감상하고 있다.

양원역이다. 주민의 정다운 눈길과 마음이 교차하는 따스한 시간이다. 잠시 감자전이며 수수부꾸미에 막걸리로 목을 축이며 오지의 맛을 곁들여 본다. 다시 철길을 쫓아가다가 터널을 비껴 강 따라 숲길을 따라 물도리 마을 고개를 넘어 비동을 거쳐 가다보면 하루해가 저물며 분천이다.

- 2016. 01. 17.

오는 봄 가는 겨울

불과 며칠 전에 동해안으로 여행을 갔다가 폭설로 시달림을 받았었는데 며칠이나 지났다고 많은 비가 내린다고 한다. 많게는 150밀리미터까지 내린다는 예보다. 날씨가 조석으로 다르다고 할 만큼 자주 바뀌고 있다. 그만큼 안개정국처럼 예측하기가 어렵다.

하지만 분명한 것은 봄이 가까이 오고 있다는 것이다. 폭설이 내리는 와중에도 어딘가 모를 봄이 느껴졌었다. 눈보라를 맞아도 그렇게 춥다는 느낌보다는 온기가 감돌지 싶었다. 많은 비가 내린다고 한다. 이제는 겨울비보다는 봄비라고 불러야 할까 보다.

냇가를 걸어도 이미 대세는 겨울에서 봄쪽으로 기울고 있음을 피부로 느낄 수가 있다. 비록 눈보라에 비를 퍼부으며 종잡을 수 없이 오락가락하지만 봄기운이 배어들고 있다. 봄은 칼로 자르듯 단숨에 오는 것이 아니라 은연중 준비를 하고 있는 것이다.

이미 고로쇠나무 물을 채취하고 있다. 동백꽃이 피고 냉이 달래가 자연스럽게 등장하며 봄동이 한참 출하되어 밥상에서 인기를 누리고 있다. 자주 창밖을 내다보면서 거닐고 싶다. 바람을 쐬어도 그렇게 매섭지가 않다. 양지쪽은 햇살이 따끈따끈해졌다.

오는 봄과 가는 겨울이 은근히 힘겨루기를 하면서 환절기라는 이름이 붙었다. 이리 쏠리고 저리 쏠리면서 다소 혼란스럽게 만든다. 봄인 듯 겨울이고, 겨울인 듯 봄일 때가 있다. 일기에서 곧잘 느끼게 한다. 춥고 덥고 외출하면서 옷자락을 훑어보게끔 한다.

찔끔찔끔 참고 참았던 회한의 눈물이다. 눈물이라고 다 서럽던가. 비로소 안도하는 떨리는 기쁨이다. 저 밑바닥에 뭉쳤던 응어리를 왈칵 쏟아내는 소나기다. 그래, 모조리 토해보렴. 비우면서 씻고 깨끗해진 도가니에 새로운 봄기운을 가득가득 담아보자.

추워도 춥다는 말을 하지 못하고 목이 말라도 마른 줄 모르게 그저 꾹꾹 참으며 납작 엎드려 지내온 삼동이 아니더냐. 그 누구라서 오는 봄을 가로막을 수 있다더냐. 깊숙한 뿌리마다 물을 빨아 줄기를 타고 쑥쑥 올라 잎을 피우고 꽃 피울 준비를 하고 있다.

해묵은 찌꺼기를 씻어내고 찌든 때 닦아내듯이 빗물아, 팡팡 쏟아져 보려무나. 지난겨울 너무 가물어 냇물이 지저분하기 짝이 없다. 물고기도 알을 낳고 오리도 헤엄을 쳐야 하느니, 물을 가득 준비하여 따스한 햇볕도 들여놓고 덩실덩실 봄맞이 하자꾸나.

그래, 서두르지 않으마. 아무렴, 내가 서두른다고 될 일도 아니다. 천천히 추위에 외로움으로 서러웠던 어둠 속 터널을 빠져나와 회색빛 세상에서 새로운 계절의 희망이 흐르고 꿈이 넘치는 초록빛 봄을 맞으면서 음지에서 양지로 싱글벙글 삶을 이야기하자.

여기저기에서 자연스럽게 봄을 이야기하고 꿈틀꿈틀 봄이 움터 오르면 다시 냇가에 나가보리라. 조심조심 거닐면서 맑은 냇물에 빠진 파란 하늘, 한 점 구름을 따라가고 여울물소리를 쫓아가 보자. 가다가 작은 풀꽃 옆에 앉아 위로도 하고 함께 웃어 보리라.

노란 개나리꽃으로 언덕에 앉았다가 하얀 목련꽃 등불이 되어보고, 길가에 늘어선 벚꽃나무 연분홍 꽃잎으로 바람에 휘날리다가 사뿐사뿐 풀숲에 내려앉아 민들레의 잔잔한 웃음소리를 들어보면서 휘휘 늘어진 버들가지 바람과 시시덕거리며 그네를 타리라.

초록빛 산에 올라 진달래꽃을 보리라. 섬에 가서는 너울거리는 봄바다 물결 위로 쏟아지는 햇살에 반짝거리는 몸짓을 바라보다가 살진 갈매기 서투른 날갯짓이 우스워 뱃속 깊숙이 고인 가스를 토해내며 마음만이 아닌 몸 안까지 가득 담아보고 싶은 봄이다.

- 2016. 02. 13.

자존심의 줏대

이래도 홍, 저래도 홍 멋대로 휘늘어진 나뭇가지가 아니다. 이러면 어떻고 저러면 어떻고 아무려면 어떠랴만 그렇다고 만수산 칡넝쿨이 아니다. 줏대가 없는 것이 아닌 긍정의 힘이다. 내놓고 즉흥적 반응을 하지 않는다.

줏대가 없어 마구 휩쓸리지 않는다. 세류에 흔들리다가는 어느 순간 흔적도 없이 사라지게 마련이다. 외유내강 도도한 물결이 흐르고 있다. 드러내지 않았을 뿐 없는 듯 정연한 무질서의 질서로 올곧은 길을 가고 있다.

흐르는 물이 출렁거리며 너울을 만든다고 갈 길을 잊지 않는다. 겉으로는머뭇거릴지 몰라도 끝내는 강을 찾고 바다 찾아 처음 가는 길이지만 끊임없이 흘러가고 있다. 허우적대는 듯싶어도 묵묵히 갈 길을 가고 있다.

고의로 감추는 것도 아니고 내숭도 아니다. 그냥 인연처럼 어울려 가는 것이다. 서두름이 아니고 잔꾀나 어깃장도 아니다. 어우렁

더우렁 함께 가는 것이다. 너는 너의 길을 나는 나의 길을 참견마라. 늦지 않게 가리라.

서로 같은 듯 다르고 다른 듯 같은 때도 있다. 같다고 한 편이고 다르다고 편을 가르지 않는다. 다만 제 몫을 챙겨 제 길을 가고 있음이다. 그렇다고 서로 경쟁심에 방해나 짐을 지우는 모양새는 좋아보이지를 않는다.

들녘에 작은 풀줄기가 무슨 저항할 힘이 있는가. 온갖 바람에 시도 때도없이 시달린다. 그래도 넘어지면 일어서고 부러지면 다시 움터 올라서 일상을 맞으며 상처를 감춘다. 끝내는 씨앗을 만들고 종족을 보존한다.

참새가 모여 다니며 재잘재잘 시끄럽다고 그 삶이 화려하게 보이던가. 물가에 백로가 한순간 먹잇감을 위해 한 쪽 발로 묵묵히 서 있다. 잠시도 깔끔한 외모에 흐트러짐이 없다. 때를 기다림이 초라하게만 보이던가.

다만 타고난 운명적 삶의 방식일 뿐 생존 앞에 다를 것 없다. 미련스럽다거나 게으르며 무능력하다고 탓할 일도 탓할 수도 없다. 자기 방식대로 살아가는 것이다. 서로 인정하고 존중하며 하나의 자연으로 살아간다.

힘없는 나무는 일생을 한 자리에 있어도 태평하다. 으르렁거리는 맹수는 세상을 삼킬 듯해도 한 자리에 머묾보다는 먹을거리 찾아 떠돌다가 어느 으슥하고도 은밀한 곳에서 어떻게 삶을 마감하는지조차 모른다.

여기에 기웃 저기에 기웃거리며 대책 없는 사람이라고 한다. 소위 간에 붙었다가 쓸개에 붙었다가 어느 편인지 종잡을 수가 없다. 줏대가 없는 사람이라고 한다. 믿을 수가 없는 사람으로 헌 신발짝만도 못하게 여긴다.

스스로 자신을 그렇게 만들어 업신여김을 받는다. 자신은 자신이 지킬 수밖에 없다. 어려움에 굴하지 않고 마지막 자존심을 지켜내야 한다. 줏대를 지녀야 한다. 그것이 사람이 사람으로 살아가는 최소한의 본분이다.

결국은 그 본분이 자신을 만들고 자신을 지켜낸다. 줏대가 없다면 그 얼마나 비참한 일인가. 자신을 스스로 포기하는 것이나 마찬가지이다. 그것은 겉모습이 아니라 보이지 않지만 은은히 풍겨 나오는 인품이기도 하다.

- 2016. 03. 10.

선택과 집중

선택은 신중히 하여야 한다. 눈만 높으면 허황된 꿈이 된다. 한 번 선택하였으면 온 힘을 다하여 집중하여야 한다. 스스로 선택하고 계획한 일이다. 고작 조금 해보다가 시원치 않다고 금세 포기를 하면 안 된다.

애초부터 쉽지 않을 줄은 알았지만 핑크빛 매력이나 황금빛 결과에 막연히 선택하였다가 그 과정을 소홀히 하고 있는 것이다. 기초가 없고 과정이 부실하면 사상누각이 되고 도중에 와르르 무너질 수밖에 없다.

시련을 겪으며 피 땀을 흘리지 않고 그냥 손쉽게 얻어질 수는 없는 일이다. 복권도 당첨되려면 우선 복권을 사는 투자가 필요하다. 사지도 않았는데 당첨될 수는 없다. 아픔마저도 자랑거리가 될 수 있어야 한다.

매사에 지지리 복도 없는 사람이라고 뒷전에서 한탄만을 할 일은 아니다. 도전을 하면서 기다림이 필요하다. 일이 끝난 후에 결론을 내려도 늦지 않을 텐데 결론부터 앞세우려는 성급함에 일을 망가뜨리기도 한다.

그것은 하나의 선입감일 수도 있고 어려운 과정에 대한 지레 겁을 먹거나 회피하며 합리화에 급급하지 않나 싶다. 할 수 있다는 자신감이 있어야 한다. 많은 것들 중에 선택할 만큼 준비가 되었던 것이 아닌가.

바람도 한꺼번에 불어야 태풍이라며 힘을 발휘한다. 너무 산발적이거나 미미하면 의식에서 벗어나거나 아예 그 존재조차 눈치채지 못한다. 비도 한꺼번에 집중적으로 쏟아져야 폭우니 장마니 그 위력을 드러낸다.

마음먹은 대로 척척 이루어지면 무엇이 걱정이고 누군들 못하랴. 그렇지 못하기에 집중적으로 노력하는 사람의 몫이 되는 것이다. 진지하게 선택하였으면 당차게 추진하여 목표를 이루려는 의지가 필요한 것이다.

안 되니까 도전하는 것이다. 오기도 생기는 것이다. 그만큼 성공은 감동적이고 행복을 누릴 수도 있는 것이다. 젊어 고생은 사서도 한다고 하였다. 지레 겁부터 먹지를 말고 도전해 볼 만한 가치가 있다는 말이다.

곧잘 세상은 넓고 할 일은 많다고 한다. 그러나 막상 길을 나서면 갈 곳이 없고 할 일이 없다고 탓만 한다. 배우고 익히지 않았어도 탓을 하는 데는 아주 익숙해져 능수능란하다. 이것저것 마구 끌어대기도 잘한다.

오천년 역사를 한눈에 꿴다. 그러나 역사는 다시 바꾸거나 번복

하지를 못한다. 이미 흘러간 날들의 기록일 뿐이다. 그러나 삶은 그렇지가 않다. 하루 한 시간을 예측할 수 없을 수도 있다. 삶은 그리 쉽지가 않다.

KTX를 타고 비행기를 타고 온 나라가 넓은 듯싶어도 한나절 권에 있다고 한다. 마음먹으면 언제든 어디든 오갈 수가 있다. 그러나 삶은 그렇지가 않다. 비록 하루 한 시간이라도 마음대로 살아가는 것이 아니다.

그래서 사는 맛이 나는지도 모른다. 내 삶이 이미 정해져 있어 훤히 들여다 볼 수 있다면 더 힘들어 할지도 모른다. 아무도 모를 그야말로 철통같은 보안 속에 한 올 한 올 조금씩 풀어가는 재미가 있는 것이다.

너무 챙기는 것이 많고 너무 눈만 높아졌다. 내 능력은 불과 만 원짜리인데 그 수십 배를 생각하고 있다. 한 걸음씩 내딛다 보면 그 위치에 다다를 수 있을 텐데 처음부터 무턱대고 넘본다. 자신을 너무 모른다.

좋은 길만을 골라 가려고 하다 보니 길이 보이지 않고 갈 곳이 없을 수밖에 없다. 길은 필요에 의해서 얼마든지 생겨나고 또 그 가치가 없으면 흐지부지 사라진다. 스스로 만들어 가는 길이 곧 개척자의 길이다.

수십 년을 사업한 이의 가게 옆에 나란히 한 젊은이가 의욕적으로 점포를 열었다. 그러나 몇 달이 지나도 생각처럼 되지 않았다. 내가 저 사람보다 더 열성적이고 고생도 많이 하는데 안 된다고 젊은이는 투덜댔다.

사업이 어디 몇 달 만에 따라잡을 수 있는 일이던가. 수십 년 거래처며 단골손님이며 보이지 않는 노하우가 있는데 뿌리도 없이 금방 될 수 있을까. 저 사람도 한 때는 숱한 고생고생을 하면서 오늘에 이르렀다.

수없는 시행착오와 굴욕을 겪으며 이루어낸 것이다. 희망과 꿈의 끈을 저버리지 않은 결과이다. 처음부터 산을 잘 오르는 사람은 없다. 어려서는 한 발자국도 힘들어했지만 끊임없이 오르내리기를 반복한 것이다.

공짜는 없다. 피와 땀의 대가이다. 일생에 끝까지 승자만은 없듯이 패자만도 없다. 엎치락뒤치락 한다. 그래도 끊임없이 선택하고 도전하여 얻어낸 결과이다. 단숨에 그냥 이룬다는 것은 기대하지 않는 것이 좋다.

- 2016. 03. 18.

폭설과 함께한 여행길

설 연휴에 인천공항이 북새통이다. 비록 그 속에는 끼지를 못했지만 반대 방향인 동해안으로 떠났다. 대관령터널을 빠져나갔다. 한산한 겨울바다는 코발트빛 푸르다 못해 검은 빛깔을 띠고 멀리 수평선을 만들었다.

둘째 날 태백산줄기 백두대간을 중심으로 해안인 영동지방에 예상치 못했던 폭설이 내렸다. 펑펑 쏟아져 20센티미터를 넘게 내렸다. 숙소로 돌아가는 작은 비탈길에서도 자동차가 허우적허우적 뒷걸음질에 빙글거렸다.

다음 날 아침은 출렁거리는 시퍼런 바다를 건너 온통 순백의 세상에 금빛 햇살로 하루가 밝았으며 한 해가 열리는 설날이다. 비로소 어둠을 몰아내고 평화로운 세상, 밝은 세상, 따스함 묻어나는 세상으로 펼쳐졌다.

3박 4일 일정을 마치고 되돌아가야 한다. 강릉에서 대관령터널을 빠져나가면 영서지방이다. 평온하던 날씨는 평창에 들어서면서 미처 생각지 못한 눈보라가 매정하리만치 휘몰아친다. 횡성, 원주지방은 폭설경보다.

다시 눈 속에서 홍역을 앓아야 했다. 승용차든 버스든 아찔아찔하도록 엉금엉금 가다가 멎고 가면서 지루함에 시달렸다. 그러나 안전운행이 최우선으로 그 누구도 불평보다는 조용하게 참고 견뎌내는 길밖에 없다.

온다. 내려온다. 마구 내려온다. 팍팍 하얗게 터지는 낙하산이다. 끊임없이 투하한다. 한 몸 아끼지 않고 저 높은 곳에서 투신을 한다. 평소에는 저 나풀나풀 환상적이었던 모습들이 갑자기 무서운 존재로 돌아섰다.

가물가물 눈발의 몸짓은 어질어질 착륙하는 순간에 한 송이 꽃에서 개성을 버리는 일체감. 차들이 갈팡질팡 대면서도 눈 속을 가고 있다. 줄지어 가고 있다. 무엇이 저 위험한 길도 마다않고 자꾸만 몰아넣는가.

따스한 손길의 호흡. 사랑이 넘쳐흐르는 삶의 중심인 가정으로 찾아가고 있다. 부모님이 있고 형제자매가 있고 처자가 있는 곳으로 이끌려가고 있다. 보다 진지한 표정에 단호한 몸짓으로 자진해서 빠져들고 있다.

정신 번쩍 각자의 길을 찾아 가고 있다. 한 무리가 뒷모습을 감추면 다시 몰려오며 이어지는 물결이다. 어찌 나뿐이고 너뿐인가. 설날이라는 민족고유의 명절에 즐겁고 설레는 마음으로 고향 찾고 연고 찾아 가고 있다.

아무리 눈발이 세차게 몰아치고 수북이 쌓여도 이미 길을 나섰고 멈출 줄 모른다. 자동차가 물 흐르듯 흘러가고 있다. 도도한 행진이다. 저 산자락의 소나무는 축축 늘어지도록 떠받들다가 곧 무너져 내릴 것 같다.

씩씩거리는 숨결이 여기저기서 터져 나온다. 참고 견뎌내야 한다. 한 바탕 힘겨루기다. 폭설에 대혼란 혼잡한 삶의 생생한 현장이다. 서두름 없는 인내심에 많은 시간을 필요로 하지만 끝내는 목적지에 닿을 것이다.

첫눈 내릴 때는 뭉클거리는 방망이질을 하면서 불끈 힘이 솟아났다. 환한 얼굴마다 넘쳐나는 패기에 싱그러움이 팍팍 번져났다. 저마다 번뜩이는 기지에 새로운 마음을 담아보며 겨울 속으로 조용히 빠져들었었다.

자신에게 하는 무언의 다짐도 있었으리라. 지난날 아쉬움을 묻고 새롭게 도약하려는 마음이 충전되어 추위를 털며 온기가 감돌았다. 봄빛 같은 잔잔한 미소가 얼굴에 피어났다. 할 수 있다는 자신감이기도 했다.

이처럼 첫눈이라도 내릴라치면 낭만이 출렁거리고 깊숙이 묻혔던 추억이 되살아났다. 괜스레 뒤숭숭하니 그리움에 보고 싶은 사람이 있고 떠나간 사람이 있다. 짓궂음에 유년까지 들썩들썩 가슴이 쿵쿵거렸었다.

그러나 지금은 아니다. 그런 현상은 오간 데 없고 어느새 그 자리에 두려움이 깃들어 있다. 오로지 눈과의 싸움으로 안전뿐이다. 얼른 벗어나고 싶다. 대수롭지 않아 보이던 눈이 무서운 존재로 돌변을 한 것이다.

이미 목적지에 도착했어야 할 시간인데 절반도 못 갔다. 입춘을 지나 다소 낮이 길어졌지만 어둠을 맞고 있다. 가까스로 충주지방을 지나면서 자동차가 컨디션을 찾은 것 같은 승차감이다. 씽씽 어둠 속을 내달린다.

이번 여행은 눈을 몰고 다닌 셈이다. 현장에서는 두려움까지 엄습하였지만 지나고 나니 또 다른 추억이 만들어졌다. 애당초 이런 날씨였으면 여행을 떠나지 않았을 텐데, 폭설이라는 복병을 만날 줄은 뜻밖이었다.

늦은 시간 대전지방의 도로는 보송보송하니 마치 꿈속을 헤매다 돌아온 것 같았다. 외국에 나갔다 돌아온 기분이었다. 제자리에 돌아와 멋쩍은 회심의 미소를 지었다. 아무튼 큰 탈이 없었음에 감사할 따름이다.

- 2016. 02. 08.

제5부
잃어버린 이웃

잃어버린 이웃

마트나 상설시장 백화점에는 계절을 잊은 지 이미 오래 되었다. 언제라도 들러보면 먹음직스런 딸기, 수박, 참외, 오이, 가지, 호박, 고추, 토마토, 냉이, 달래 같은 온갖 과일에 채소며 나물까지 뭐 하나 없는 게 없다.

초등학교에 다닐 때 어느 것이 여름과일이고 어느 것이 가을과일이며 봄채소 봄나물이고 여름채소인지 시험에 나왔다. 요즘 그런 문제가 출제되었다면 혼란스럽고 어느 계절이랄 것 없이 모두 정답 처리되지 싶다.

대관령터널을 빠져나가 동해안에 간 적이 있다. 가는 도중 강릉의 왕산면인가 첩첩산중에 커피박물관이 있었다. 온실 속에서 화분에 커피나무를 심어 7년쯤을 지나면 열매를 채취하여 커피도 국산화가 되고 있었다.

이제 국내에서 생산되지 않는 것이 무엇인지 구분이 어렵고 그런 것을 구분하는 것 자체가 의미 없게 되었다. 그보다는 어느 것이

국내산 유기농농산물이고, 수산물, 임산물이며 수입산일까에 관심이 쏠리고 있다.

문경 새재에 가면 짚신을 신고 봇짐을 지고 몇 날 며칠 과거시험에 맞춰 영남의 선비들이 한양으로 갔다는 과것길이 있다. 마치 전설 속에 꾸며낸 먼 이야기처럼 들린다. 굽이굽이 바라보아도 실감이 나지를 않는다.

무심한 세월이라지만 전국이 하루 아니 반나절 생활권으로 바뀌었다. 서울에서 아침식사를 마치고 제주에서 점심식사 하고 관광을 하다 서울로 돌아와 저녁을 먹어도 될 만큼 생활권의 거리가 이웃같이 좁혀졌다.

그뿐인가, 2박 3일이다. 3박 4일이다. 연휴만 되면 인천공항이 입출국 하는 사람들로 북새통을 이루며 몸살을 앓는다. 동에 번쩍서에 번쩍한다. 얼마 전만해도 신비롭게 들리던 말이 이제는 일상처럼 되어버렸다.

누가 어디를 갔다 왔고 또 누가 어디를 간다고 한다. 그런데 남의 이야기가 아니라 그 대열에 당당히 내가 끼어 있는 것이다. 그것도 혼자가 아니라젖먹이까지 데리고 온 가족이 이웃집 드나들듯 다녀오는 것이다.

이처럼 계절에 관계없이 언제든 먹고 싶은 과일이나 채소며 음식을 찾을 수가 있다. 또 언제든 남의 눈치를 볼 것 없이 가고 싶은 곳을 마음만 먹으면 훌쩍 다녀올 수 있으니 이 얼마나 자랑스럽고 행복한 일인가.

그런데 아파트에 살다 보니 아래층이나 위층 심지어 앞집에 누가 사는지조차 모른다. 알 필요가 없고 알려고도 않는다. 베일 속에 갇혀 심지어 죽어도 한 달 후에 발견되었느니 하는 매정한 뉴스를 접하기도 한다.

외국에 나가면 같은 한국 사람이라는 것 하나만으로 오래된 만남처럼 반갑고 친밀감을 느낄 수 있었다. 군대에서는 같은 도(시) 출신이라면 한 고향 같고 같은 군이라면 마치 친척을 만난 듯 반가워하지 않았던가.

그런데 막상 가장 가까운 몇 미터 거리에 함께 살면서도 누구인지 모른다. 심지어 어느 모임에서 만나 서로 대화를 나누면서 주소를 주고받다가 같은 아파트 아래윗집에서 몇 해를 살고 있었음을 확인하기도 한다.

관공서며 학교담장을 헐어도 이웃의 철문은 좀처럼 열리지 않았다. 오랜 만남에도 깊은 마음의 문은 열리지 않아 열 길 물속은 알아도 한 길 사람 속은 모른다는 말이 깨어지기보다는 더 공고해지고 있지 싶다.

이처럼 이웃을 잃어가고 있다. 이웃사촌이라며 음식은 물론 애경사에 함께 기뻐하고 서러워했다. 그때보다 오히려 더 가까이 숨소리가 들릴 만큼 지척에 살아도 기쁨을 나누고 어려움을 맞들어 줄 이웃이 없어졌다.

이런 모습들이 현실이고 현주소이다. 그래도 아무렇지 않고 아무 불편 없이 살아가고 있으니 그나마 다행이라고 할 수밖에 없다. 그만큼 무관심에 아주 익숙해진 것이다. 하지만 내 것이라면 조금도 양보가 없다.

심지어 핵가족화되어 일가친척은 물론 형제자매도 사방으로 흩어져 살고 서로 바쁘다는 핑계로 만나기조차 힘들다 보니 세월이 흘러 자녀들끼리도 누가 누군지 몰라 싸움박질하다가 그 족보가 드러나기도 한다.

뒤처지는 삶에 자존심이 짓밟히는 것 같은 정서적 불안을 느끼며 남에 대한 배려는 간 곳 없이 사라지고 이기심이 극치를 이루면서 이웃사촌은 고사하고 부모형제까지도 범죄의 대상으로 전락을 하고 있지 싶다.

오로지 자기중심으로 살아가려 한다. 눈만 높아 남이 수십 년 공들여 쌓아온 것을 하루아침에 이루려 한다. 그러다 보니 자신의 안녕을 위해서라면 못할 일이 없게 되었다. 너무도 잔혹함에 씁쓸함을 지울 수 없다.

- 2016. 01. 13.

* 2016년『한국수필』3월호 (253호) 게재

초대 받지 않은 초대

자연은 아무도 직접 초대를 하지 않는다. 그래도 직접 찾아 나서면 초대 손님이 된다. 불청객이라고 떠다밀거나 눈치를 보게 하지 않는다. 초대 받지 않은 초대 손님이 된다. 그렇다고 거창하게 환영 인사를 하지 않는다.

보다 큰 틀의 상상력에서 자연을 헤아려 볼 수 있다. 자연은 무한한 잠재 능력을 지니고 있다. 자연에 들어가려면 막연한 공상보다 같은 눈높이가 되어 마음속에 그 바위가 되고 나무가 되고 그 숲이 되어 보는 것이다.

자연은 우리와 동떨어진 것이 아니다. 우리의 삶 속에 함께하며 이용하고 때로는 개발하는 것이다. 무언의 대화를 하면서 마음을 나누듯 무언가 서로 교감하는 것이다. 솔솔 재미에 새로움을 느끼면서 자연에 가까워진다.

가을날이라고 하더라도 억새는 단순하게 억새일 뿐이다. 하지만 사전에 억새의 생리를 알면서 마주하게 되면 전혀 새로운 매력에 빠져들기도 한다. 바람 부는 날 산들거리는 모습에서 햇볕을 받고 은빛 반짝거림을 본다.

하나의 억새보다는 무리를 지어 일사불란한 몸짓에서 거침없이 밀려드는 파도의 물결을 보기도 하고 하늘하늘 춤사위를 보기도 하고 으악으악 울음소리를 듣고 산상의 음악회를 연상하며 웅성웅성 군중을 보기도 한다.

햇살의 조명을 받으면 눈부신 은빛물결에 감탄을 자아내기도 한다. 세차게 몰아치는 바람에 시달리면서도 결코 굽히지 않는 강인한 모습을 보기도 한다. 그때그때 상황에 따라 순발력 있게 멋들어진 연기를 하기도 한다.

자연이 인간에게 주는 선물이다. 굳이 초대하지도 받지도 않았지만 언제든지 자연을 찾아가 즐길 수 있다. 어미의 품속같이 아늑하고도 편안함이 깃들여 있다. 인간은 분명 자연의 산물이면서 자연의 한 주체이기도 하다.

따라서 인간은 자연을 이용할 수 있는 만큼 스스로 그 가치를 찾아야 한다. 이는 주인으로서 책임도 있어 잘 가꾸면서 아끼고 보호할 의무도 있는 것이다. 결코 자연은 인간과 무관한 것이 아닌 아주 밀접한 관계이다.

인간은 자연에게 초대 받지 않은 손님이면서 주인인 셈이다. 혼자만이 아닌 모든 사람에게 공통된 주인인 공동재산으로 그 누구도 함부로 대할 수가 없다. 우리는 수시로 자연을 찾아서 위안을 받고 활력을 얻기도 한다.

권리가 있으면 그에 못지않은 책임도 있다. 자연에 대한 양면성이기도 하다. 자연에 대한 무한한 혜택을 누리면서 또 보호할 의무도 있다. 그런데 함부로 대하고 훼손하면서 홍역을 앓게 한다. 참으로 무책임한 행동이다.

봄날 여러 사람이 어울려 꽃구경을 한다든지, 가을날 단풍구경을 한다든지, 수많은 사람들이 동시에 혜택을 누리기도 하고, 혼자 길을 가다 너무 아름다운 풍경에 자신도 모를 희열에 젖어 감탄하며 푹 빠져들기도 한다. 이처럼 좋은 혜택을 누린다고 자신만의 것일 수는 없다. 좋다고 가져올 수는 없는 것이다. 자연은 아쉬움이 남아도 그 자리 그 곳에 두고 돌아서며 필요할 때 찾아나서는 것이다. 산이 좋아서 산을 찾는 것과 다름 아니다.

산길을 함께 가면서 똑같이 보고 듣고 어떤 상황에 처했어도 그 느낌이나 평가는 똑같을 수가 없다. 서로 보는 각도나 관심이 달라 아무래도 자기중심으로 생각하게 되어 그 결과도 개성에 따른 각자의 몫일 수밖에 없다. 그 평가까지 같기를 바랄 필요는 없다. 억새를 보더라도 그렇다. 활짝 핀 억새의 꽃 자체가 좋기도 하고, 햇볕을 받으며 은빛으로 반짝이는 모습이 좋기도 하고, 바람을 타고 흔들리는 모습이 우아하게 들어올 수도 있다.

사람에게는 개성이 있고 사물을 보는 가치의 시각도 차이가 난다. 어느 것이 옳고 좋거나 나쁨이 아니다. 취향대로 자기만의 것을 찾을 수도 있다. 미처 남이 보지 못하고 생각지 못한 것을 보고 생각할 수 있는 것이다.

마구잡이식 청첩에는 껄끄러워하면서 어지간한 곳에는 초대받는 것을 즐거워한다. 언론에서 가을이면 어디가 단풍이 좋고 억새

꽃이 좋다고 보도를 한다. 또 입에서 입으로 전해진다. 은근한 초대로 여기며 찾아 나선다.

자연은 직접 초대를 하지는 않지만 찾아가면 초대받은 손님이 된다. 바로 초대받지 않은 초대가 되는 것이다. 자연의 단풍 속에서 억새꽃 속에서 즐거움을 만끽하면서 하루를 보내며 에너지를 충전하여 활력을 되찾는다.

자연 앞에서는 불청객이란 없다. 누구나 누릴 수 있는 주인이다. 무언의 초대다. 초대라고 해서 달리 거창한 환영행사가 있는 것도 아니다. 스스로 볼거리를 찾고 즐길 것을 찾아 즐겨야 한다. 구시렁거릴 일이 아니다.

'시인 김춘수'는 '내가 그의 이름을 불러주었을 때/ 그는 나에게로 와서/ 꽃이 되었다.'고 하였다. 이어서 '우리들은 모두/ 무엇이 되고 싶다./ 너는 나에게 나는 너에게/ 잊혀지지 않는 하나의 눈짓이 되고 싶다.'고 하였다.

이처럼 우리는 누구에게 기억되고 부름을 받고 싶고 초대를 받고 싶은 것이다. 그러나 자연은 직접 초대할 능력이 없다. 각자가 기회를 엿보며 그런 부름, 그런 초대에 응하고 그런 자리에서 즐거움을 만끽해 보는 것이다.

가을에는 틈이 나면 산으로 들로 나선다. 볼거리가 아주 많다. 하나같이 신비하고 새로움이 가득하다. 시간 가는 줄 모른다. 내 자신 자연의 한 개체로 돌아가 함께 어우러져 그 속에서 노닌다. 누군가의 이름도 불러보자.

- 2014. 10. 07.

100에 대한 단상

숫자는 사실상 사용하기에 따라 무한히 많고 많다. 하지만 실제로 사용되는 숫자는 생각처럼 그리 많지 않다. 그 많은 숫자 중에서 가장 좋아하고 많이 쓰이며 신성시 여겨지는 큰 숫자는 아무래도 100이 아닐까 싶다.

우선 학교에 들어가면 공부를 하면서 100점을 맞아야 한다고 목표로 삼는다. 100점이면 모두를 맞은 것이다. 그런데 왜 하필 100점일까? 그만큼 100은 우리의 생활에서 일찍이 절대시해 온 것으로 더 이상은 없다.

사회에 나가면 100%라는 말을 많이 사용하며 듣게 된다. 아주 순수한 것이라는 뜻이 담겨있다. 다른 것이 끼어들 틈이 없는 본래의 것 그대로인 것이다. 100% 참기름이고 100% 국산이고 100% 순금은 거짓이 없다.

노래방에 가면 100점 나왔다고 방방 뛴다. 더 이상의 점수는 없다. 가장 높은 점수로 최고인 것이다. 100이 절대치인 것이다. 그만큼 무한히 크고 또한 선망의 수이다. 그 순간만은 그 노래를 제일 잘 부른 것이 된다. 이처럼 100에 대한 기대치도 많고 100을 얻은 우월감이 앞서기도 한다.

사실 100은 많은 수치 중에 보잘것없는 수이지만 많은 부분에서 100을 최고치로 놓고 목표나 기준으로 삼고 있으며 성취감을 누리기도 한다. 그리 많지 않은 수이지만 한 편으로는 기준을 삼으면 엄청난 수로 도저히 도달할 수 없을 만큼 많거나 높은 수치로 까마득하게 보이기도 한다. 그러나 끊임없이 노력하다 보면 그곳에 다다르며 성취감을 맛보기도 한다.

우리는 곧잘 자녀가 100점짜리로 커나기를 바란다. 따라서 아이들을 위한 일이라면 이것저것 가리지 않는다. 심지어 어떤 경우에는 가정경제가 파탄지경에 처했어도 자녀 하나만을 바라보면서 아예 올인을 하기도 한다.

그러나 자신은 좀처럼 돌아보지 않는다. 과연 나는 100점짜리로 살아왔는가. 그렇지 않다. 누구도 자신 있게 답변하지 못한다. 이는 내가 못한 것을 은연중 자녀에게서 성취해보려는 의도도 상당수 가미되어 있지 싶다.

중국인이 8을 행운의 숫자로 부의 상징으로 삼는다면 우리는 많은 사람들이 7을 행운의 숫자로 좋아한다. 하지만 아무래도 100보다야 어디 더 좋아하랴. 심지어 우리의 삶도 백수(白壽)를 누려야 한다고 하지를 않던가.

- 2014. 09. 10.

*『한국수필』 게재

스물아홉 번째 책

책이란 무엇인가? 문자 또는 그림을 수단으로 표현된 정신적 소산물을 체계 있게 담은 물리적 형체라고 정의하고 있다. 또한 오늘날 통용되고 있는 책(册)이란 글자가 엮어진 책(策)의 형태를 보고 만든 상형문자인 점에서 책의 기원이 고대의 책(策)에서 비롯되었다고 한다.

「안중근」 선생은 "하루라도 책을 읽지 않으면 입안에 가시가 돋는다." (일일부독서 구중생형극 : 一日不讀書 口中生荊棘)이라고 하였다. 그만큼 틈만 나면 열심히 책을 읽었음을 엿볼 수 있는 대목으로 일 년 내내 두세 권도 안 읽는 사람에게는 크게 충격적이라 할 것이다.

물론 아무 책이나 다 읽을 가치가 있는 것은 아니다. 영국의 철학자이며 과학자로서 '아는 것이 힘'이라는 명언을 남긴 「프랜시스 베이컨」 은 "어떤 책은 맛볼 만하고 어떤 책은 삼켜버릴 만하다. 그리고 극히 일부는 잘게 씹어 소화시킬 만하다."고 책의 진가를 요약하였다.

이처럼 좋은 책을 골라 읽는 것은 아주 소중한 줄 알면서도 막상 그리 쉽지가 않다. 여기서 한 발 더 나아가 내가 쓴 글을 모아서 책을 내는 것은 더 소중하게 여겨진다. 나의 혼신이 담긴 분신이기도 하기 때문이다. 따라서 어쩌다 독자와의 만남은 더 신중해질 수밖에 없다.

『섬은 섬을 말하지 않는다』 등 19권의 시집과 수필집 『남산공원 맹꽁이』 『버드내 초록마을』 『향기가 묻어나는 풍경』 『거미줄에 걸린 날』 『백두대간』 『그곳에 가보고 싶다』 『억새의 노래』 『뉴질랜드에서 호주 시드니』 『그류 그런디 그게 어디 그류』 9권을 냈다.

사람이 태어나 어린이가 되고 어른이 되고 세월의 흐름에 따라 늙어가며 노인이 된다. 노인은 어린이와 같다고 한다. 비워 단순해졌기 때문이지 싶다. 어린이는 일생 중에 가장 맑고 깨끗한 순수성을 지닌 풋풋한 시기이다. 방정환 선생님은 '어린이는 어른의 아버지'라 하였다.

살아가다 보니 이제 나도 나이 먹었음을 느낄 때가 되었나 보다. 이따금 뒤를 돌아다본다. 지난날을 더듬더듬 어린 시절을 되살려 가며 유년을 그리워한다. 이것저것 깊이 생각하기보다는 그냥 그때 그 때 자유분방하게 뛰어놀았던 꾸밈없는 마음에 순수의 눈빛이 좋았었다.

기꺼이 한 갑자를 접으니 손자와 초등학교에 다닐 시기다. 비록 생각이 짧고 좀은 꼬질꼬질해도 꿈이 있는 유년이었다. 무지개가 떠오르곤 했었다. 다시 그런 마음에서 뒤늦게 동시를 써보고 싶어졌다. 순수한 마음에서 세상을 보고 듣고 느끼고 생각하며 동시를 써보고 싶었다.

동시를 쓴다. 동시(童詩)란 어린이가 지은 시 혹은 어린이를 대상으로 하여 그들의 사고와 정서에 맞게 지은 시를 말한다. 그럼, 어린이의 범주는 과연 어디까지일까? 금을 긋고 자를 수는 없지만 어린이는 나이가 적은 아이로 보통 4,5세부터 초등학생까지 아이들을 말한다.

이제 꾸밈이 없는 보다 더 맑아진 마음에서 할아버지는 동시를 쓰고 손자는 그림을 그려 동시집 『바람은 싸움쟁이』를 스물아홉 번째 책으로 내놓았다. 아이가 출생하면 좋은 이름을 지어주듯 책을 낼 적마다 내용에 맞는 좋은 이름을 지어주고 싶어 어려움을 겪기도 하였다.

- 2015. 05. 01.

* 2015년 『수필예술』 36호 게재

한밤의 명상

새벽 2시에 잠을 깼다. 이상하리만큼 너무 조용하다. 사람들의 발자취보다는 자연으로 가득 들어찼다. 창밖에서 달이 훤히 들여다보다가 슬그머니 외면하고 발길을 돌려 서쪽 하늘로 천천히 가고 있다. 어둠을 헤집고 밤을 지켜내고 있었다.

잠들은 것, 잠들지 못한 것도 한눈에 비쳐보고 있다. 그렇다고 직접 어떠한 지시나 조치를 취하는 것이 아니다. 그저 묵묵히 지켜보았을 뿐, 몰래 카메라처럼 찍어 화제의 이야기나 꾸며낸 이야기로 다른 곳에 흘려 문제를 만들지 않는다.

사람들은 본 것은 물론 보지 못한 것까지 곧잘 꾸며낸다. 풀벌레 소리가 들리는 듯하나 아직은 아니다. 별들의 노랫소리도 반짝일 뿐 마음으로 듣는다. 바람은 조용히 왔다 없는 듯 사라지며 어디에도 발자국이나 흔적을 남겨놓지 않았다.

산사의 밤도 마찬가지다. 이슬 내리는 소리는 들어보았나. 밤이지만 조심조심 숨죽여 조용했다. 새근새근 옆자리 숨소리가 더 크게 들려왔다. 촛불이 나풀거리고 타오르는 소리가 들려오지 싶었다. 어제의 일은 모두 잊은 듯 다투지 않았다.

자연은 사람들처럼 오늘은 무엇을 하고 내일은 또 무엇을 할까 깊은 고민을 하지 않으며 보탬이나 뺌도 없이 있는 그대로만 아무렇지 않게 펼쳐보였다. 그냥 모두가 입을 꾹 다물고 쉬고 있다. 대부분 잠에 취해 있지만 명상에 잠겨본다.

낮말은 새가 듣고 밤말은 쥐가 듣는다고 한다. 누군가가 눈을 부릅뜨고 지켜보고 있는지도 모른다는 생각이 들기도 한다. 벽에도 귀가 있어 마음까지 훔쳐보고 있는 것은 아닌지. 잠든 것과 잠들지 못한 것 사이에도 서로 조심스러워졌다.

휴가라고 무조건 쉬는 것만은 아니다. 어떻게 쓰느냐에 따라 새로움으로 채우며 생동감을 불어넣는다. 잘못하면 오히려 피로감만 쌓여간다. 새로운 곳을 찾기도 하고 지난번 찾았던 곳을 거듭 찾아 미처 몰랐던 것을 새롭게 보기도 한다.

여행은 몸만 떠나거나 마음만 따로 떠나는 것이 아니다. 몸만 떠나는 여행은 너무 피곤하다. 그렇다고 마음만 떠나는 여행은 언제 어디서나 밤이나 낮이나 때도 없이 수시로 쉽게 할 수도 있겠지만 자칫 망상으로 허무하게 끝날 수도 있다.

여행은 몸도 마음도 함께 떠나야 한다. 새로움을 담으려면 뭔가 그만큼 내려놓아야 한다. 비우고 채우면서 마음에 변화를 가져온다. 마음은 보고 듣고 느끼고 생각하는 것들을 하나로 묶는 역할을 한다. 새로움이 담기며 산뜻해지기도 한다.

24시간을 압축해 보면 불과 몇 분도 안 된다. 아주 분주하게 돌아다녔는데 별로 남을 만한 것이 없다. 하루가 잘못되었다거나 허망하게 지났다고 할 수 없다. 열심히 살았어도 반복에 반복되다 보니 딱히 별나게 기록될 것이 없을 뿐이다.

무소식이 희소식이란 말이 있다. 때로는 아주 특별난 이벤트가 없이 오히려 평화스러운 날이기도 하였을 것이다. 몸이 하루를 마음대로 움직일 수는 없다. 마음은 여기저기 멋대로 언제든 넘나들 만큼 폭이 넓어도 몸은 지극히 제한적이다.

시계는 고장 나도 시간은 지금 이 순간에도 멈출 줄 모른다. 굳이 앞질러 가려하거나 뒷걸음질하지 않는다. 한눈파는 일 없이 주어진 몫만큼만 묵묵히 간다. 고지식하게 새벽을 향해 가고 있다. 새로운 하루를 열 준비를 빈틈없이 하고 있다.

깊은 밤 불면의 시간에 이렇게 뭔가를 짚어가면서 생각하고 정리할 수 있다는 것 하나로도 행복한 시간이다. 굳이 깨어있으라는 말이 아니다. 생각하기 나름이라고 할 수 있지만 이제는 마음을 놓아주어야 내일이 투덜거리지 않을 것이다.

너무 붙잡으면 불평불만처럼 다음날이 오면 대뜸 표가 난다. 밤과 낮이 교대로 반복한다. 자고, 밥 먹고, 휴식하며 고정되다시피 한 시간을 빼고 나면 실제로 활동할 시간은 그리 많지 않다. 하지만 그 활동에서 크고 작은 변화가 생겨난다.

한 쪽에서는 본래의 예대로 가야 한다고 변화를 거부한다. 다른 한 쪽에서는 변화해야 한다고 갈등을 겪기도 한다. 그만 잠자리에 들어야 한다고 재촉을 한다. 그래야만 편안한 내일이 기다린다고 한다. 못 이기는 척 슬그머니 나를 눕혔다. - 2015. 08. 05.

기회는 선택이다

같은 자장면, 국밥, 순대, 국수, 백반이라도 음식점에 따라 그 맛이 다르고 분위기에 따라서 맛 또한 다르게 느껴진다. 똑같은 재료라도 그렇다. 조리솜씨는 기본이면서 청결하고 친절하며 정성이 들어있어야 한다.

불경기에도 어느 집은 손님이 줄을 잇고 있다. 그런데 앞집은 파리를 날리고 있다. 더 열불 난다. 그렇다고 가만히 앉아 기다린다고 손님이 굴러들어오는 것은 아니다. 홍보도 하고 더 많은 노력을 필요로 한다.

겉으로 드러나는 것 외에 보이지 않는 치열한 경쟁을 하며 살아간다. 얄팍한 마음으로 속이려하거나 적당히 넘어가려하면 몇 번은 통할 수 있을지 모르겠지만 소문은 소문을 몰고 다니며 끝내는 문을 닫게 된다.

음식점이라고 해서 모든 음식을 다 잘할 수는 없고 잘 하지도 않는다. 전문화 시대이다. 물론 대중적인 식당도 있지만 뭔가 특출해

우뚝 솟아야 소문난 맛집으로 찾아다닌다. 그 집만의 특별한 메뉴를 개발해야 한다.

3대를 이어온 50년 전통의 두부집이라고 한다. 그간 많은 우여곡절을 겪었겠지만 이처럼 오랜 세월을 이겨낸 데는 그만한 피와 땀이 배어 있을 것이다. 나름 다른 업소와 차별화하며 끊임없이 노력했을 것이다.

불황에 손님이 끊이지 않을 때는 그만한 이유가 있다. 그 집만의 오랜 비법이 있다. 다른 업소와는 차별화된 운영방침에 보이지 않는 기업정신이 음식으로 녹아들고 손님은 직접 그것을 맛과 피부로 받아들인다.

요즘 선거철이 가까워지니 정치권은 아주 시끄럽다. 배신의 정치니 자신의 정치를 한다고 치고받고 아우성이다. 정치인은 자신의 철학이나 정치적 노선을 분명히 하여야 한다. 뒷전에서 안위에 눈치만 볼 수는 없다.

자신과 뜻을 같이 하는 사람들이 모여 하나의 동지적인 모임체가 되고 정당으로 발전한다. 때로는 수많은 난관에 부딪치며 타협하고 절충을 할 것이다. 자신의 뜻에 정면으로 배치되면서 당혹스럽게 하기도 한다.

소신이 없어 적당히 얼버무리다가는 별 볼 일이 없는 사람으로 낙인찍힐 것이다. 정말 아닐 때는 분명히 아니라고 할 수 있어야 한다. 그래야만 민의를 저버리지 않고 다음 선거에서도 다시 신임받을 수가 있다.

지나친 사리사욕에서 벗어나 대의를 따라야 한다. 지도자로서

앞을 내다보고 솔선해야 한다. 그래야 믿음이 가고 신임을 하면서 마음속에 담아둘 것이다. 자신은 빠지고 남만 앞세우려 하면 누가 선뜻 따르겠는가.

산봉우리는 적당한 시기에 내려서야 한다. 그냥 그 기분에 젖어 들어 머뭇거리거나 능선만을 따라가다 보면 새로운 맛이 없다. 가파르게 내려오고 다시 솟아올라야 비로소 새로운 봉우리가 되면서 차별화가 된다.

기회는 기다린다고 오는 것이 아니다. 때가 되면 오고 스스로 기회를 만들기도 한다. 그 기회를 적기에 받아들일 수 있어야 한다. 너무 요리조리 재다가 허망하게 놓친다. 한 번 지나간 기회는 되돌아오지 않는다. 다급하다고 전화를 기다리고, 희미한 약속을 기다리고, 무작정 기회를 기다리고, 이런저런 일들로 뭔가를 자꾸 기다리기도 한다. 그러나 그게 어디 내 뜻대로 되던가. 자연적인 현상도 있고 인위적인 때도 있다.

기회는 그 누군가가 잽싸게 채뜨려 가기도 한다. 그렇다면 기회는 무작정 기다림보다는 적극적으로 만들어 가는 것이다. 기회는 갈림길과도 같아 선택이다. 제 때에 올바른 선택으로 최대의 효과를 발휘해야 하다.

기회는 소리 없이 다가온다. 잘 골라잡아야 한다. 물론 음식점도 크고 작은 기회가 있고 정치판도 마찬가지일 것이다. 거꾸로 기회는 기다려주지 않는다. 기회는 선택이고 차별화가 새로운 봉우리를 만들어낸다.

- 2016. 01. 30.

인연 속의 사람들

삶은 직간접적인 만남으로 이어진 인연과는 불가분의 관계다. 사실 삶 자체가 인연이란 것을 떼어놓고 생각할 수 없을 만큼 이리저리 얽혀있다고 할 수 있다. 태어나는 순간에 부모를 비롯한 조상님과 형제자매 일가친척의 피로 맺어진 끈끈한 혈연이란 인연이 기다리고 있다. 어느 곳에서 태어났느냐에 따라 지연이란 지역적인 인연이 있고, 자라면서 어느 학교를 다녔느냐에 따라 다시 학연이란 끈끈한 인연이 맺어진다.

군대를 가면서 인연이 맺어지고 직장(사업)을 나가면서 또 굵직한 인연이맺어진다. 여기서 대인관계에 따르거나 거래관계에서 새로운 인연이 맺어진다. 남녀 간에 사랑하고 사귀면서 또 결혼을 하게 되면 처가며 시가며 사돈이며 또 그만큼의 새로운 인연이 생겨나고, 살아가며 이웃과 왕래하면서 이웃사촌이라고까지 할 수 있는 인연이 자연스럽게 맺어진다. 인연은 적극적인 본인 의사와 관계없이도 자연스럽게 맺어진다.

한 번 맺어진 핏줄이나 출신지나 출신학교 같은 끊을 수 없는 인연이 있다. 여기에 사회생활을 하면서 매일 만나거나 스쳐가는 사람들이 수없이 많다. 차분히 맺어지는 인연에서 일회성 우연이랄 만남으로 알게 모르게 맺어지는 인연도 있다. 반복되고 선택되어 다져지기도 한다. 그 중에는 연분이라 하듯 좋은 인연이 되어 호형호제 하면서 잘 지내는가 하면 계획적으로 이용당하다가 일방적으로 버림받는 소름끼칠 악연도 있다.

때로는 본인 의사에 따라 적극적이면서도 선택할 수 있는 특별한 인연이 만들어지기도 한다. 여가를 즐기거나 좀 더 자신을 충전하고 발전시키고자 같은 취향의 사람들과 만나기도 하고 정기적인 모임을 갖기도 한다. 일종의 동아리가 될 수도 있고 기존의 모임에 가입하는 경우가 있다. 문인은 글을 쓰면 되지만 문학회를 만들고 협회에 가입하여 활동도 하게 된다. 이는 문학이란 매개체로 맺어지는 인연이라 할 것이다.

모임은 사욕이 정도를 넘으면 자기 생각만 옳다고 상호 배려와 양보보다 쓸데없는 야심만 꿈틀거리다가 파국을 맞기도 한다. 나 아니면 안 된다는 마음에서 벗어나 나 아니면 더 잘될 수도 있을 거라는 마음을 가지면 모임도 발전하고 본인도 비워진 홀가분한 마음만큼 편안해질 텐데, 어느 날부터인가 허황된 마음이 들어차며 악연을 만든다. 눈치를 슬금슬금 보면서 딛고 일어서 주위를 망가뜨리는 잡초는 잡초일 뿐이다.

소위 줄서기를 잘해 많은 덕을 본다는 말을 한다. 연줄을 잡고 승승장구하다가 그 줄이 끊기면서 하루아침에 추락하는 사람들도 있다. 단순히 반대 줄에 서있었다는 이유로 온갖 수모를 당하기도 한다. 정말 인연치고는 악연이 아닐 수 없다. 성경에 베드로가 예수와 같이 있었던 한 패라고 몰아붙이자 나는 그를 모른다고 세 번 발뺌하다가 새벽닭이 울었다고 한다. 일방적으로 누구는 누구의 줄이라고 줄을 세우기도 한다.

처음 만난 사람과 이야기를 나눈다. 어색하고 서먹서먹한 관계를 벗어나고자 인연 찾기부터 할지도 모른다. 이름을 대고 같은 성씨라면서 본이 어디냐? 고향은 어디냐? 학교는 어딜 나왔느냐? 군대는 몇 년도에 어디서 근무했느냐? 직장은 어디였느냐? 어느 요직에 근무하는 누구와는 어떤 관계냐? 특기는 무엇이냐? 이렇게 하나하나 묻고 답하다 보면 직간접적인 인연의 줄과 이어지고 때로는 취향이 같아 인연이란다.

술좌석이면 술을 좋아하니 술을 잘 마시니 이것도 큰 인연이란다. 마음 놓고 오늘 마음껏 꺾어보잔다. 이렇게 인연은 자질구레하니 사소한 것에서부터 만들어진다. 때로는 한 방울의 물방울이 도랑을 만들고 냇물을 만들고 강을 만들어 가는 과정과 흡사한 면도 있지 싶다. 사실 그렇게 만들어진 그 인연 속에 살아가고 있지 싶다. 그러나 상당수가 그 가치를 발하지 못하다 필요하면 인연이라는 이름을 들먹거릴지도 모른다.

불교에서는 인연을 아주 중요시한다. 옷깃 한 번 스치는 것조차 인연이라고 한다. 우리는 수많은 사람을 스스럼없이 지나쳐버리기도 하고 인연을 만들기도 한다. 만들어진 인연이 시간이 흐르면서 원하든 원하지 않든 불씨가 꺼져가듯이 슬그머니 사라지기도 한다. 지그시 눈을 감고 생각해 본다. 당신과 나는 무슨 관계인가? 관계가 없어도 만나 좋은 인연을 만들어갈 수도 있을 텐데 하는 마음가짐으로 하루가 펼쳐진다.

그래서 사람은 혼자가 아닌 함께 더불어 살아가는 사회적 동물이라고 하는 것일 게다. 나무는 가을에 곱던 단풍도 낙엽으로 떨어지면 그뿐이다. 물은 한 번 흘러가면 그뿐이다. 하지만 사람은 혈연 같은 특별한 인연이야 어쩔 수 없지만 미운 일도 고운 일도 시간의 흐름에 저절로 묻히는가 하면 뒤바뀌면서 새로운 관계가 형성되어 새로운 인연 속에 살아가기도 한다. 그래서 이리 저리 뒤엉켜 물레방아처럼 돌아가고 있지 싶다.

- 2011. 10. 26.

어머니의 기다림

누군들 살아가면서 어찌 기다림이 없으랴. 또한 그 기다림이 결코 쉽지만은 않음을 모르랴. 그래도 고이 접어 가슴에 품고 간직하는 어머니의 기다림보다 더 긴 기다림이 있으랴. 더 절실하고 절박함이 있었으랴.

왜 따끔하게 밀쳐내지 못하고 묵묵히 숙명처럼 안고 있을까. 마치 기다림을 기다리며 그것이 행복인 양 내심 즐기는 것 같았다. 어디서 그럴 힘이 나오고 어디 그런 기다림을 깊이 간직하고 있는지 알 수 없었다.

자식은 찾아오기 전부터 돌아갈 준비를 하는데 어머니는 떠나기도 전에 올 날을 헤아렸다. 그 기다림은 평생토록 부족해 죽어서도 기다림의 세월은 남아서 자식을 기다리고 손자를 기다리고 기다림을 기다렸다.

그래서인가 언제 찾아가도 그 기다림은 그리움으로 고개를 들고 마를 줄 몰랐다. 어머니의 품은 늘 넉넉해서 온갖 것이 움터 올라

초롱초롱하게 물기를 머금고 자라났다. 그래서 더 멋스러움이 은은히 풍겨났다.

어머니가 자리를 비우고 나서야 휑하니 허허벌판보다도 더 텅 비어 있어 허허로운 냉기가 감돌았다. 그것은 끝내 젖은 눈물이었다. 어머니의 삶은 기다림이었다. 아침부터 저녁까지 종일 자나 깨나 기다림이었다.

그 기다림 속에 아이들은 밝게 자라나며 따스한 웃음도 울음도 함께 했다. 어머니는 같은 집안에 가족들 치다꺼리로 아파도 아파할 틈이 없었다. 그래도 자신보다는 가족을 위한 것으로 모든 것을 가슴에 품었다.

어미 닭이 병아리를 품에 품듯이 품었다. 아픔을 품고 눈물을 품고 고통을 품고 부족함의 세월을 품고 그리움을 품었다. 그 기다림은 끝날 줄을 몰랐다. 가는 곳마다 길이 있듯이 마음이 닿는 곳마다 기다림이었다.

그러나 참음이 있어 내색하지 않고 오히려 아무렇지 않게 당당했다. 동구 밖에 홀로 서있는 소나무처럼 온갖 풍상을 다 맞고도 푸름의 끈을 놓을 줄 몰랐다. 몸이 엿가락처럼 시나브로 비틀려도 흔들림이 없었다.

고목이 되어 온갖 풍상에 시달리다 제풀에 껍질이 벗겨지며 비로소 한눈에 볼 수 있었다. 속은 숭숭 골다공증을 앓듯 허물어지고 쑤셔 끊어질 듯 아파 점점 허리가 굽어도 당연하게 받아들이는 숙명적 삶이었다.

죽는 날까지 아니 죽어서도 혼자 가슴에 모두 끌어 묻고 가는 세월이었다. 그래야 집안의 중심이 흔들리지를 않고 꿋꿋하게 이어 갈 수 있다. 참으로 어머니의 그 기다림보다 숭고하고 그런 아름다움이 없지 싶었다.

때로는 맹목적인 기다림이지 싶어도 곧 현실이 되며 헛되지 않았음을 증명하는 것 같았다. 그만큼 기다림을 기다릴 줄 알았다. 부족하지 싶지만 행여나 한 가닥 희망에서 아픈 마음까지도 다독거림은 처절했다.

기다림은 끝내 죽음까지도 마다않고 불러들였을 것이다. 끝을 모를 막막함에도 구체적인 기다림은 미처 다 채울 수 없었다. 그렇다고 포기하듯이 내려놓지도 못하고 어머니는 동동거렸다. 그래서 마음이 더 아프다.

그 기다림은 어쩌면 어머니에게는 하나의 자긍심이고 자존심으로 자신을 이끌어 갈 수 있는 저 밑바닥 뿌리를 이루고 있었는지 모른다. 그만큼 생활에 취해서 어제보다 오늘, 오늘보다는 내일을 바라보고 있었다.

어머니의 기다림은 그 자체가 삶이었다. 그 기다림에 머리가 파뿌리가 되고 허리가 굽어 온몸이 기진맥진해도 내려놓을 줄을 몰랐다. 내심 더 기다림이 간절했는지도 모른다. 끝내는 다시 밝을 아침을 기다렸지 싶다.

그 기다림이 꼭 좋은 것만은 아니다. 때로는 서러움에 아픔이기도 했다. 부푼 꿈과 믿음이 배신의 뒤통수를 맞은 듯 허탈함에 넋을 놓고 아찔하여 쩔쩔맸다. 그래도 훌훌 털어내면서 다시 기다림의 시작이었다.

자식에게는 안락한 요람으로서 든든한 버팀목이 되고 범접할 수 없는 울타리가 되어 휘둘리지 않고 수없이 고비를 넘고 넘었다. 그래서 여자는 약해도 이 세상 어머니는 강하다는 말을 들을 수가 있었을 것이다.

넘어지면 곧 발딱 일어서는 오뚝이처럼 어머니의 기다림은 지칠 줄을 몰랐다. 삶의 중심으로 원동력이 되었다. 그래서 하루해가 짧아 바쁘고 고달파도 아무렇지 않은 듯 하나하나 거뜬히 해결할 수 있었지 싶다.

그런 어머니의 일상을 당연한 것처럼 받아들였다. 하지만 그것은 자신의 몫은 슬그머니 밀쳐놓는 가족에 대한 무한희생의 피와 땀이다. 어머니의 모습을 꼭 닮아가는 아내에게서 뒤늦게 새삼스레 깨닫게 되었다.

- 2016. 02. 25.

역설의 겸손

괜찮다는 말을 곧잘 듣는다. 그래 나는 괜찮다고 한다. 좀 기대에 떨어져도 나무라기보다는 잘 했다고 한다. 정말 괜찮아서 그러는 것은 아닐 터다. 격려하는 것인지 잘못을 그냥 덮어주려는 것인지 애매할 때가 있다.

친절을 베풀면서 분위기를 맞추는 것인지 괜찮다고 잘했다고 한다. 곧이곧대로 받아들일 수도 없고 그렇다고 자꾸 이상하게만 여길 수도 없다. 그래도 한 구석 석연치가 않다. 차라리 한바탕 꾸지람을 듣는 것이 편하다.

좀은 소홀했지 싶은 데도 괜찮다고 한다. 갑자기 이해심이 넓어진 것인지 배려심이 많아진 것인지 쉽게 판단이 되지 않아 다소 당황스러운 때가 있다.모임에서 책임자로 뽑으려 하면 너무 많이 부족하다고 하기도 한다.

좀은 부족하지 싶어도 칭찬에 가까운 말은 듣기 좋으라고 쉽게 할 수가 있다. 하지만 얼굴이 아주 두껍지 않고서는 듣기에 거북스러운 말을 면전에서 직접 하기에는 그리 쉽지 않아서 아닌 척 괜찮은 척하기도 한다. 때로는 내숭이라고 하기도 한다. 또는 최소한의 예의라고도 한다. 참는 것이 이기는 것이라고도 한다. 더 나아가 이해하고 배려하는 마음이라고도 한다. 긁어 부스럼보다는 좋은 것이 좋은 것이라고 얼버무리기도 한다.

이처럼 쉽게 판단되지 않아 당황스러운 때가 있다. 어디까지나 주관적으로 드러내지 않는 속마음이니 어쩌랴. 그대로 받아들이려면 한 편 찜찜하다. 다만 건성이었거나 골탕이라도 먹이려는 것이 아니었기를 바랄 뿐이다.

어느 집에 초대되어 갔다. 상이 휘어질 듯 넘치게 차려졌다. 평소에 접하기 힘든 음식들이 가득하다. 하나 같이 입맛이 당긴다. 준비가 소홀하여 마땅치 않지만 많이 드시라면서 괜히 쑥스러워한다. 지나친 겸손이다.

어느 집에 초대되어 갔다. 음식은 몇 가지로 아주 조촐한 편이다. 하지만 이것은 어떻고 저것은 어떻고 떠벌리며 자랑 일색이다. 마치 아무나 맛볼 수 없는 것으로 특별히 대접을 한다는 느낌이다. 오히려 듣기 민망하다.

뒤돌아서서 칭찬에 감사한 마음이고, 욕을 퍼붓는 경우도 있다. 그게 뭐냐고. 면전에서는 괜찮다고 잘했다고 감사하다고 깍듯하더니만 화가 잔뜩 치밀은 것이다. 너무 얕잡아 보고 푸대접을 받았다고 투덜거리기도 한다.

어머니가 늙어서 입맛이 없다고 하실 때 며느리가 고등어를 구어 밥상에 올렸다. 어머니가 모처럼 고등어와 함께 맛있게 드시는 것을 넌지시 바라보았다. 아, 어머니도 생선을 드시는구나. 아들은 깜짝 놀랐다고 한다.

어릴 적에 어머니는 가시를 하나하나 발라 자신의 밥숟가락에 올려주며 꼭꼭 씹어 먹으라고 했다. 늘 어머니는 오로지 자식만을 바라보며 어지간하면 희생하는 것을 당연히 여기면서 아예 못 드시는 것으로 알았다.

부모가 자식을 바라보는 마음은 어디까지가 괜찮은 것이고 좋은 것이며 자랑스러운 것일까. 그 깊이도 넓이도 감히 헤아릴 수가 없다. 어찌 보면 맹목적이라고까지 할 만큼 한 마디로 무한량이라고 해도 좋을 성싶다.

자신만을 위주로 생각하고 판단하는 경우가 허다하다. 그러기에 이웃이나 남들을 돌아보거나 생각할 겨를이 없는 것이다. 만약 상황이 뒤바뀌었다면 더 언성을 높였을 일이다. 그래서 역지사지하는 마음이 필요하다.

세상을 살아가는 데도 기름이라는 것이 필요하다. 너무 고지식하면 삭막하니 재미없다고 한다. 한 마디로 융통성이 없다고 한다. "허허, 그것 참 뒤통수 쳤네." 할 만큼 예상에서 약간 벗어났다 돌아오는 여유도 필요하다.

이처럼 때로는 죽는 소리에 허풍도 필요하고 겸손도 필요하다. 다만 돌아가는 상황에 따라서 너무 지나쳐 돌이킬 수 없다거나 비굴하지 않아야 한다. 그 기준이 따로 없으니 그 판단 또한 자신의 몫이 될 수밖에 없다.

- 2016. 03. 02.

마음의 거울

하루에도 몇 번씩 거울 앞에 선다. 그러나 겉모습만 열심히 들여다보며 매초롬하게 다독일 뿐이다. 마음의 거울은 보지 못한다. 아니 아예 염두에 두지를 않는다. 겉모습은 다독여도 마음은 방목하듯 나 몰라라 한다.

더불어 사는 세상이다. 마음의 거울이 도처에 도사리고 있어도 외면하고 덤덤하게 지나친다. 본받을 만한 일이 있고 저러면 안 되지 싶은 일도 수없이 많다. 하는 짓이 너무 흉측스러워 저럴 수는 없지 하기도 한다.

그냥 남의 이야기이고 이야깃거리이며 잠시 볼거리일 뿐이다. 입맛대로 올려놓고 붕 띄우기도 하고 난도질을 하기도 한다. 남들이 보기에는 내 자신의 행동거지도 저런 모습으로 비쳐질 때가 있을 텐데 망각하고 있다.

남이 잘 되면 아니꼬운 눈초리를 보내면서 제가 잘 나서 그런 건가. 주위에서 밀어줘서 그렇고 여건이 좋아져서 그렇다고 한다. 마치 무임승차라도 한 양 마구 험담을 늘어놓고 깎아내린다. 그래야 시원한 모양새다.

자신이 잘못 되면 마치 누가 작정하고 나서서 방해라도 한 양 사뭇 흥분을 하며 이러쿵저러쿵 입에 침을 튀긴다. 자기합리화에 급급해진다. 처음부터 그런 올곧은 열정으로 임하였다면 결과는 달라졌을지도 모른다.

이런 식으로 매사에 남은 부정하고 나는 옳다는 식이다. 자기중심적 생각이고 판단일 수밖에 없다. 나는 열심히 잘했는데 나에게만 시련을 준다는 식이다. 너무 억울하고 너무 불공평하다는 불평불만으로 가득 차있다.

물론 사람이 사는 세상이고 사람이 하는 일이니 때로는 억울한 일도 있을 수 있다. 하지만 그보다는 근본적으로 나 자신에 있다. 어디서부터 일이 꼬이며 삐뚤어졌는지 진단을 하여야 반복되는 악순환을 막을 수 있다.

이처럼 똑똑히 보여주는 거울도 없지 싶은데 건성건성 지나친다. 좀 더 깊이 들여다보지를 않고 남의 탓으로만 돌리려고 한다. 그보다 내 탓으로 인정할 것은 인정하며 원인을 먼 곳이 아닌 가까운 곳에서 찾아야 한다.

아주 좋은 마음의 거울을 가까이에 두고도 보지 않는다. 보아도 볼 줄을 모른다. 좋게 비춰지는 남의 거울만 들여다보려 한다. 남의 것만 좋아 보인다. 눈독들이고 터무니없는 욕심을 품는다. 너무 쉽게 얻으려 한다.

건성건성 겉만을 보아서는 들여다보이지 않는 구석이 너무 많다. 마음이 집중되지 않고 다른 곳에 있으면 다른 사람은 다 보아도 자신에게는 보이지 않는다. 턱없는 욕심에 너무 성급함만 앞서면 어긋날 수밖에 없다. 아무리 급하고 서둘러도 되지 않는 일이 있다. 느긋한 기다림이 필요하다. 때가 되어야 꽃이 피고 열매도 열린다. 그때까지 묵묵히 가꾸어야 한다. 인내의 시간과 땀과 눈물과 피가 필요하다. 그만한 투자가 필요하다.

경험의 거울을 들여다보며 판단하는 것은 기본이다. 하지만 거울은 거울일 뿐이다. 참고삼아 나름대로 자신이 뜻한 바를 무리 없이 펼쳐가야 한다. 허황된 꿈이 아니라 올라갈 수 있는 계단만큼 발길을 내디뎌야 한다.

마음의 거울은 오래 머물지 않는다. 언제 어디서 어떠한 모습으로 나타날지 모른다. 대수롭지 않게 스치면서 아무 생각 없이 지나치기 십상이다. 남의 일처럼 단순한 중에도 진한 감동으로 뭉클하게 다가오기도 한다.

그 거울은 내가 지니고 있을 수도 있고 때로는 길거리에서 남이 보고 있는 거울을 우연히 훔쳐보듯 힐끔 들여다볼 수도 있다. 함께 같은 거울을 보고 있을지라도 보고 있는 것은 달라 서로 다른 모습을 보기도 한다.

무심코 보고 흘렸다가 뒤늦게 그것이 비단 그 사람만의 것이 아니었음을 알아차리기도 한다. 그토록 고민에 고민을 거듭하던 진지한 내 삶의 현실이기도 했기 때문이다. 하지만 때는 이미 늦는다. 눈치껏 챙겨야 한다.

- 2016. 03. 09.

작품평

■ 수필 「지렁이가 죽었다」를 읽고

한동희 (한국수필가협회 부이사장 역임)

송복련 (한국수필가협회 이사)

박기옥 (대구대학교 수필창작 주강)

■ 수필 「선자령 눈밭을 오르며」를 읽고

권대근 (한국문인협회 회원, 부산수필문학협회 회장 역임)

▌「지렁이가 죽었다」를 읽고

「한동희」 : 박종국 작가의「지렁이가 죽었다」는 자연보호에 관한 글입니다. 이런 소재는 자칫 선도적이거나 교훈적일 수 있겠으나, 작가는 지렁이의 죽음을 통해 자연환경 파괴의 심각성을 암시하고 있습니다. 흙이 죽으면 동식물이 죽고 인간 또한 생명에 위협을 느낄 수 있다는 주제의식이 살아납니다. 자연보호에 대해 쓴 글이 많지만 지렁이를 소재로 한 수필은 드물어 재미있게 읽었습니다. 지렁이도 동물이니 울음소리를 낼 수 있겠지만 지렁이의 울음에 집중한 작가의 관찰력이 뛰어나고, 무엇보다 문장의 흐름이나 문단 바꾸기에 무리가 없어 읽는데 편했습니다. 글의 성향에 따라 독자층도 달라지겠지만, 작가는 어렵게 썼지만 독자는 쉽게 읽을 수 있어야 좋은 수필이라 할 수 있습니다.

「송복련」 : 박종국 작가의「지렁이가 죽었다」는 사물을 소재로 삼은 서술형의 제목이 흡인력이 있습니다. 낯선 세상에 뛰쳐나와 속수무책으로 말라가지만, 사람들로부터 외면되어 쓸쓸한 시신이 되어가는 지렁이를 세밀한 관찰자의 시선으로 바라보다가 잠시 지렁이에 감정 이입이 되어 상상력을 발휘하고 있네요. 지렁이는 토양과 식물의 성장 등 여러 모로 유용한 동물이라는 환경문제를 다루고 있습니다. 이러한 생태에 대한 글이 계도적이거나 지적인 부분을 강화하다 보면 자칫 관념적으로 흐르기 쉽지요. 화자는 한밤에 지렁이 울음소리를 들을 만큼 섬세한 감성과 유년시절에 감자를 캐거나 텃밭에서 만났던 체험을 통해 그런 염려를 덜어 내었습니다. 농약 때문에 급속히 사라지고 있는 현실에서 지렁이가 있다는 것은 흙이 살아있다는 증거라고 말합니다. 세계와 자아를 되새김질한 환경 관련 수필이 더 많이 창작되었으면 합니다.

「박기옥」 : 박종국 작가의 「지렁이가 죽었다」는 빛과 진동에 예민한 지렁이가 세상 밖으로 나와 수분이 증발하여 죽은 이야기를 소재로 하고 있습니다. 무엇보다 행간마다 내비치는 유머가 독자의 눈길을 끌어당깁니다. 습기 찬 흙속에서 부패한 생물체를 섭취하고 사는 지렁이가 햇볕이 내리쬐는 길바닥에서 죽은 문제를 두고 작가는 '누군가가 납치해 가혹행위를 한 것도 아니고, 뺑소니 자동차가 치고 나 몰라라 도망친 것도 아니며 저희들끼리 따돌림이나 패싸움을 한 것도 아니다.'라고 능청을 떱니다. 특히 지렁이의 울음소리에 이르러서는 '들릴 듯 말 듯 아주 연약하여 귀를 집중하지 않으면 놓치기 쉬울 뿐 아니라 어딘가 애절함 같은 것이 묻어나는 것이 은밀스런 세라나데 같기도 하고 기구한 팔자타령으로 들리기도 한다.'라고 표현하여 작가의 섬세한 감성을 엿볼 수 있습니다.

또한 작가는 농촌생활의 유년 시절 텃밭이나 뒤꼍, 혹은 수채에서 나오는 지렁이를 보고 인간과 함께 살아가는 하나의 생명체로 인식했던 일을 추억하면서, 흙속에 지렁이가 살아 있다는 것은 그 흙에 아직은 죽지 않은 생명력이 깃들어 있음을 상기시킵니다. 아울러 작가는 지렁이의 혐오스러운 외양에 관하여 인간에게 끼치는 순기능을 보여주면서 생태계에 많은 도움이 되고 있음도 지적합니다. 자칫 계도적일 수 있는 소재를 거부감 없이 잘 끌고 간 수작이라 생각됩니다. 편하지 않은 소재를 가지고 유머러스하게 독자를 잘 설득하는 만만치 않은 작가의 역량이 느껴지는 수작이었습니다.

*지렁이가 죽었다 (본문 93쪽)
* 2015년『한국수필』6월호 (244호) 게재

▌「선자령 눈밭을 오르며」를 읽고

「권대근」 "찬바람이 나뒹구는 눈밭에서 점심 한 끼를 위해 자리를 둘러보지만 마땅치가 않다. 하지만 새나 짐승은 미처 식량마저 마련하지 못하였을 터이니 어디쯤에서 배고픔에 떨고 있을까. 배가 불러야 잠도 쉬이 올 텐데."

눈에 발을 들이밀자 기다린 듯 푹 빠진다는 표현이 맛깔스럽다. 사물에 대한 긍정적인 관점은 곳곳에서 발견할 수 있다. 인용 예문에서 볼 수 있듯이 이 수필의 맛은 전체 수필을 관통하며 흐르는 작가의 타자지향적인 가치관에서 느낄 수 있다. 소재에서 주제로 나아가 따스한 정을 흩뿌리는 전통적인 수필의 예술적 산문 구조를 띠고 있어 유정한 맛을 준다. 이런 수필을 서정수필이라고 한다. 이 수필의 가치는 천지인의 관계 속에서 세상의 이법을 유기적인 구조로 파악하여 이를 문학적으로 잘 형상화해내었다는 데 있다. 인정은 수필의 향기를 주는 삼미 중 하나로 주로 경수필에서 자주 활용된다. 제목을 '선자령 눈밭을 오르며'로 설정하여, 눈밭을 설국으로 설정하고 눈 내리는 행위를 환영과 영접으로 의미화한 것 자체가 이미 절반의 성공을 담보하고 있는 셈이다.

좋은 수필은 좋은 제재의 발견으로부터 시작된다. 여기서 말하는 제재는 주제의 재료다. 이 수필의 창작 과정은 수필창작의 5단계 원리를 밟고 있다. 그래서 멋도, 맛도, 향기도 진하다. 이뿐인가. 대부분의 수필가들이 놓치기 쉬운 '인식'도 전개 과정에서 이루어지고 있다. 눈이 '추위에 이불 역할을 한다'는 표현이 바로 그것이다. 설해에서 설국으로 의식을 확장하고 모든 사물을 설화로 인식하는 비유로 내세워 축제의 분위기를 암시하고 있다는 측면에서 이 작품은 문학성을 유지하고 있다고 하겠다. 한 줌 흙조차 밟을 수 없는 설원에 거대한 날개의 풍력발전기가 시간을 거꾸로 돌리고 있다는 결구 문장의 배치는 자연과 문명의 조화를 그려내면서 천지인의 상생의 관계를 구축하려는 주제의 간접적 전략과 맞닿아 있다. 수필의 메시지가 현실적인 의식에 여과되면서 주체의식이 구체화된 셈이다. 이것이 문학적 향기를 발하는 것이다.

* 선자령 눈밭을 오르며 (본문 135쪽)
* 2013년 『한국수필』 4월호 (218호) 게재

‖ 작가 약력 ‖

- 충남 아산시 송악면 외암리 출생
- 『문학사랑』 동시(童詩) 등단
- 『문예사조』 시(詩) 등단
- 『오늘의문학』 수필(隨筆) 등단
- 세무사 시험 (제18회) 합격
- 공인중개사 시험 (제1회) 합격

〈수필집〉

- 01집 : 남산공원 맹꽁이
- 02집 : 버드내 초록마을
- 03집 : 향기가 묻어나는 풍경
- 04집 : 거미줄에 걸린 날
- 05집 : 백두대간
- 06집 : 그곳에 가보고 싶다
- 07집 : 억새의 노래
- 08집 : 뉴질랜드에서 호주 시드니
- 09집 : 그류 그런디 그게 어디 그류
- 10집 : 그곳에 내가 있었다
- 11집 : 지렁이가 죽었다

〈시집〉

- 01집 : 고장난 시간들
- 02집 : 내 마음에 그물질하는 사람아
- 03집 : 그리움 놓고 가면
- 04집 : 나는 그대 얼굴로 그대는 내 얼굴로
- 05집 : 사랑 365
- 06집 : 다시 사랑 365
- 07집 : 또다시 사랑 365
- 08집 : 백령도에 비가 내린다. 上
- 09집 : 백령도에 비가 내린다. 下
- 10집 : 6월, 그날의 함성
- 11집 : 땀으로 씻어낸 지리산
- 12집 : 야릇한 돼지의 미소
- 13집 : 천지에 발 담그고
- 14집 : 개미 비상 걸기
- 15집 : 그대는 산에 가면 산이 되는가
- 16집 : 박종국 16 시집
- 17집 : 버드내 풍경
- 18집 : 고기 굽는 마을
- 19집 : 섬은 섬을 말하지 않는다

〈동시집〉

- 01집 : 바람은 싸움쟁이
- 02집 : 세모랑 네모랑

〈문학관련 회원〉

- 한국문인협회 문단정화위원
- 대전문인협회 감사(역임)
- 아산문인협회 회원
- 한국수필가협회 회원
- 대전 · 충남수필문학회 회원
- 한밭아동문학가협회 자문위원
- 대전아동문학회 회원
- 문학사랑협의회 회원
- 대전문인총연합회 회원
- 대전펜문학회 회원
- 한국공무원문학협회 감사(역임)

〈문학관련 수상〉

- 『문예사조』 신인상(시)
- 『오늘의문학』 신인상(수필)
- 『문학사랑』 신인상(동시)

• 행정자치부장관상
• 국세청장상
• 대전광역시장상
• 인터넷문학상
• 대전문학상
• 옥로문학상
• 예술문화공로 대전광역시장상
• 하이트 진로문학상

〈기타〉
• 백두대간 (지리산 천왕봉~금강산 향로봉) 종주
  - 수필집「백두대간」발간
• 토요산악회 회장(역임)
• 디딤돌산악회 회장(역임)
• 산악회 청청 회장

지렁이가 죽었다

박종국 제11수필집

발 행 일 | 2016년 4월 30일
지 은 이 | 박종국
발 행 인 | 李憲錫
발 행 처 | 오늘의문학사
출판등록 | 제55호(1993년 6월 23일)
주 소 | 대전광역시 동구 대전로 867번길 52(한밭오피스텔 401호)
전화번호 | (042)624-2980
팩시밀리 | (042)628-2983
홈페이지 | http://www.lito77.co.kr(홈페이지)
전자우편 | hs2980@hanmail.net

공 급 처 | 한국출판협동조합
주문전화 | (070)7119-1752
팩시밀리 | (031)944-8234~6

ISBN 978-89-5669-744-4
값 15,000원

© 박종국.2016

* 이 책은 ㈜교보문고에서 E-Book(전자책)으로 제작 · 판매합니다.
* 잘못 제작된 책은 바꾸어 드립니다.